Dollinger / Raithel

Einführung in Theorien abweichenden Verhaltens

Die Reihe »Beltz Studium« wird herausgegeben
von Jürgen Oelkers und Klaus Hurrelmann.

Bernd Dollinger / Jürgen Raithel

Einführung in Theorien abweichenden Verhaltens

Perspektiven, Erklärungen und Interventionen

Beltz Verlag · Weinheim und Basel

PD Dr. *Bernd Dollinger* ist wissenschaftlicher Assistent an der
Otto-Friedrich-Universität Bamberg, Lehrstuhl Sozialpädagogik,
Markusplatz 3, 96045 Bamberg
E-Mail: bernd.dollinger@ppp.uni-bamberg.de

Dr. *Jürgen Raithel* ist wissenschaftlicher Assistent an der
Otto-Friedrich-Universität Bamberg, Lehrstuhl Allgemeine Pädagogik,
Markusplatz 3, 96045 Bamberg
E-Mail: juergen.raithel@ppp.uni-bamberg.de

Lektorat: Peter E. Kalb

www.beltz.de
Herstellung: Klaus Kaltenberg
Satz: Druckhaus »Thomas Müntzer«, Bad Langensalza
Druck: Druck Partner Rübelmann, Hemsbach
Umschlaggestaltung: Federico Luci, Odenthal
Umschlagabbildung: © Steven Swift/Picture Press, Hamburg
Printed in Germany

ISBN-13: 978-3-407-25424-5
ISBN-10: 3-407-25424-5

Inhaltsverzeichnis

1. Einleitung

Abweichendes Verhalten ist immer wieder Gegenstand in öffentlichen und wissenschaftlichen Diskussionen. Die Inhalte sind dabei vielfältig, es geht beispielsweise um »Drogenwellen«, Rechtsextremismus, Jugendkriminalität oder Gewalt.

In Bezug darauf werden Möglichkeiten vorgestellt, wie mit den Problemen umgegangen werden soll. Es handelt sich nicht selten um rezepthafte Formeln, die mit dem Anspruch einer Lösung oder zumindest Bearbeitung aufwarten. Neuere Beispiele verweisen auf Schlagworte wie »Mut zur Erziehung« oder »Null Toleranz«. Man vermittelt den Eindruck, z.B. Kriminelle bedürften in erster Linie moralischer Erziehung oder einer »harten Hand«. Die Realität ist aber komplexer, als es diese einfachen Ursachenvermutungen unterstellen. Kriminelle lehnen keineswegs generell konventionelle Werte ab (vgl. Weyers 2004), Strategien der »Null Toleranz« stoßen auf Kritik und ihr Erfolg ist empirisch nicht bestätigt (s. Kap. 4.3).

Vor diesem Hintergrund will das vorliegende Buch einen Überblick vermitteln. Es ist an einer Schnittstelle verortet, die den Blick in zwei Perspektiven richtet: Zum einen wird Auskunft gegeben über Theorien, die abweichendes Verhalten erklären, wobei nur *sozialwissenschaftliche* Theorien erörtert werden, um das Spektrum sinnvoll zu begrenzen. Selbst hier ist noch nach der Relevanz einzelner Theorien auszuwählen, da eine Vielzahl verschiedener Ansätze koexistiert. Es erfolgt eine Begrenzung auf maßgebliche sozialwissenschaftliche Theorien, denn eine umfassende Darstellung wäre angesichts des erreichten Diskussionstandes nicht machbar. Die Theorien folgen nicht nur eigenständigen Erklärungsmustern, sondern sie setzen an verschiedenen Punkten an, um ihre Sicht plausibel zu machen. Dies bezieht sich auf ein Kontinuum, das vom abweichenden Individuum bis zur problemverursachenden (Welt-)

Gesellschaft reicht. Die meisten Theorien verfolgen Schwerpunkte, indem sie entweder Individuen, die Gesellschaft oder eine mittlere Ebene, die v.a. soziale Bindungen in Gruppen zum Inhalt hat, fokussieren.

Zum anderen richtet sich der Blick auf die Interventionen, die beabsichtigt sind, wenn abweichendes Verhalten zum Thema wird. Wer erklärt, warum Normabweichungen bestehen, teilt mit, was gegen sie unternommen werden kann. Selbst wenn dies nicht bewusst und explizit erfolgt, sind entsprechende Mitteilungen implizit vorhanden und geben an, was man »rational« zu tun hat. Theorien über Abweichungen und Interventionsstrategien durchdringen sich somit gegenseitig. Jede Theorie legt Arten plausibler Interventionen fest und jede Forderung nach Interventionen nennt Ursachen, warum Menschen sich nicht an Werte und Normen halten.

Hieraus ergibt sich die Struktur des Buches. In Kapitel zwei wird zunächst dargelegt, was den Inhalt von Devianztheorien bildet. Es handelt sich um einen Ausschnitt von insgesamt auftretenden Abweichungen. Sozialwissenschaftliche Theorien abweichenden Verhaltens erschließen vor allem solche Devianzarten, die als soziale Probleme gelten, während andere Arten – alltägliche Erwartungsenttäuschungen oder öffentlich wenig interessierende Normverletzungen – kaum bedacht werden. Es ist demnach zu erörtern, wie soziale Probleme konstituiert werden, bevor sie allgemein anerkannt und durch Theorien abweichenden Verhaltens erklärt werden. Z.T. nehmen diese Theorien selbst daran teil, bestimmte Sachverhalte zu problematisieren, indem sie auf Missstände in der Gesellschaft hinweisen. In der Regel aber setzen sie bestehende Problemerfahrungen voraus und nehmen auf ihr »Output« – ein anerkanntes soziales Problem – Bezug.

In den folgenden drei Kapiteln werden einzelne Theorien vorgestellt. Die Darstellung folgt der theorieinternen Schwerpunktsetzung, die die Mikroebene individueller Akteure (Kapitel 3), die Mesoebene von Gruppenbeziehungen (Kapitel 4) oder die gesellschaftliche Makroebene (Kapitel 5) betrifft. Dies spiegelt eine verbreitete Einteilung sozialwissenschaftlicher Ansätze wider, die allerdings von zwei Missverständnissen begleitet sein kann:

Erstens handelt es sich um eine Vereinfachung (vgl. Friedrichs/Jagodzinski 1999, S. 17f.), zumal man zwischen Mikro- und Makroebene eine Vielzahl zwischengelagerter Ebenen wie Organisationen, Vereine, Institutionen, Teilsysteme und weitere unterscheiden könnte. Je nach Perspektive, die man wählt, kommt unterschiedliches in Betracht. Dennoch hat sich die Dreiteilung als pragmatisch nützlich erwiesen, um eine Systematisierung von Theorien zu erlauben. Die folgenden Ausführungen werden zeigen, dass es sinnvoll ist, einzelne Annäherungen an abweichendes Verhalten entsprechend zu ordnen. Nicht zuletzt aus didaktischen Gründen ist eine derart pragmatische Einteilung aufschlussreich, da sich tatsächlich die meisten Theorien plausibel der einen oder anderen Ebene zuordnen lassen. Wo dies nicht der Fall ist, gewinnt man die Möglichkeit, unmittelbar den besonderen Charakter einzelner, transdimensional angelegter Sichtweisen zu erkennen (s. Kap. 6).

Zweitens bedeutet diese Einteilung nicht, die Theorien argumentierten ausschließlich auf der einen Ebene, der sie nachfolgend zugeordnet sind. Im Gegenteil treffen sie in der Regel Aussagen auf allen drei Dimensionen des sozialen Lebens. Gehen Theorien etwa von individuellen Handlungs- und Interpretationsmustern aus, um Devianz zu erschließen, wie dies für Theorien der rationalen Wahl zutrifft (s. Kap. 3.2), dann strukturieren sie zugleich ein Bild des gesellschaftlichen Lebens oder von Gruppenbeziehungen. Die genannten Theorien versuchen sogar explizit von der Ebene des Individuums aus, »alle sozialen Phänomene, die durch Handlungen erzeugt wurden, in ihrer Entstehung, ihrem Fortbestehen und ihren Veränderungen zu erklären« (Balog 2001, S. 163). Geht man von der individuellen Mikroebene aus, so ist es plausibel, abstraktere Ebenen durch eine Aggregation einzelner Handlungsfolgen zu erschließen, selbst wenn die Erhellung von Bedingungen der Aggregierung und der Ausbildung handlungsbegrenzender Strukturen dann ein besonderes theoretisches Problem wird.

Das Gleiche gilt auch umgekehrt: Makrostrukturelle Theorien argumentieren nicht nur auf der Ebene, auf der sie ihre primären Erklärungsvariablen ansetzen. Z.B. die in Kapitel 5.1 vorgestellten Anomietheorien erschließen Normabweichungen, indem sie sozialen Wandel und gesellschaftliche Balancezustände in den Mittelpunkt stellen. Damit vermitteln sie gleichzeitig bestimmte Menschenbilder, aus denen hervorgeht, wie Individuen handeln.

Dies ändert aber nichts daran, dass die Theorien Schwerpunkte setzen, die nach der genannten Dreiteilung zu rekonstruieren sind. Diese Klassifikation der Theorien ist inhaltlich, pragmatisch und didaktisch angezeigt, selbst wenn »Entscheidungen« (Münch 2002b, S. 9) getroffen werden müssen, wo einzelne Theorien sinnvoll einzuordnen sind.

Kapitel sechs bildet den Abschluss des Buches, indem die genannten transdimensionalen Aspekte aufgenommen werden. Dies betrifft zwei Themen: die Thematik des Geschlechts, die bei allen Formen von Abweichungen eine Rolle spielt, sich aber nicht einer einzelnen Ebene zuordnen lässt. Die Zugehörigkeit zu einem Geschlecht und der Prozess, in dem Geschlecht aktualisiert wird (»doing gender«), betreffen alle bis dahin erörterten Theorien.

Ähnliches kann für den Aspekt der Interventionen gesagt werden: Jede Theorie transportiert Mitteilungen über mögliche oder (nicht) sinnhafte Eingriffe, um Normabweichungen zu verhindern oder zu bearbeiten. Dies gilt selbst für Theorien, die es ablehnen nach Ursachen von Abweichungen zu suchen – die so genannte Etikettierungstheorien (s. Kap. 3.5; 5.4). Aus ihnen wird das Postulat der »non-intervention« (Schur 1973) gewonnen, d.h. es sollte am Besten auf Interventionen verzichtet werden, was nichts weniger darstellt als einen Aufruf zu einer »rationalen« Bearbeitung von Devianz. Bevor auf diese Fragen und auf die Theorien eingegangen wird, ist zunächst zu klären, warum Devianztheorien bestimmte Sachverhalte in den Blick nehmen.

2. Der »Blick« auf abweichendes Verhalten

2.1 Blickrichtungen

2.1.1 Begriffsklärung

Was abweichendes Verhalten ist, scheint zunächst ganz klar zu sein. Denkt man an *Kriminalität*, so ist der Charakter der Abweichung unstrittig. Das Strafgesetzbuch benennt Verhaltensweisen, die strafbedroht sind und deshalb Abweichungen darstellen.

Kriminalität und Normabweichungen sind allerdings nicht identisch. Es sind eine Vielzahl von Verhaltensweisen denkbar, die Normen nicht gerecht werden, deswegen aber nicht kriminell sind. In der verbreiteten Rede von gegenwärtigen »Risikogesellschaften« wird unterstellt, Menschen seien mit der Anforderung konfrontiert, nicht ein Leben nach Vorschriften zu führen, sondern innovativ ihr eigenes Leben und ihre Identität zu »basteln« (vgl. Hitzler/Honer 1994). Gegenüber einem vorgegebenen System an Normen und Werten bedeutet dies stets kleine Abweichungen, die Flexibilität und Innovationsfähigkeiten demonstrieren können. Folgt man den Thesen, so werden diese Quasi-Abweichungen geradezu erwartet; es habe sich ein Standard erwarteter Devianz etabliert, der Normalität geworden sei.

In einem Versuch, verschiedene Arten der Normalitätskonstruktion zu erschließen, bezeichnet Link (1999, S. 75ff.) derartige Formen von Normalität als »Flexibilitätsnormalismus«, der sich u.a. durch unscharfe normative Grenzziehungen auszeichnet. Es ist nicht klar geregelt, was falsch und richtig ist, sondern Normanwendungen besitzen einen relativ breiten Toleranzbereich. Es bestehen relativ große Spielräume, Erscheinungen und Verhaltensweisen je nach Einzelfall und Situation als Abweichungen zu werten oder nicht. Diesen nicht konturscharf zu bestimmenden Bereich von

Devianz kann man mit dem – bewusst paradoxen – Begriff der *»konventionellen Devianz«* erschließen. Nur in Ausnahmefällen handelt es sich dabei um Kriminalität; man kann z.B. an den Konsum »weicher« Drogen denken, der bei Heranwachsenden relativ häufig auftritt (vgl. Bundeszentrale für gesundheitliche Aufklärung 2004) und der in jugendlichen Gruppen ein Spiel mit der Normalität symbolisiert, welche Jugendliche der »konformen« Welt zuschreiben. Sehr viel häufiger aber handelt es sich um nichtkriminelle Aktivitäten, die ein großes Potential haben, als normal zu gelten. Der Betreffende erntet am wahrscheinlichsten ein Kopfschütteln, das eine gewisse Anerkennung nicht ganz ausschließt. Bunte Haare, ein (noch) ungewöhnlicher Kleidungsstil oder Statusinkonsistenzen fallen hierunter.

Daneben gibt es aber auch Abweichungen, die weniger positiv wirken, die eher *»provozierend«* erscheinen. Etwa eine unfreundliche Bemerkung oder ein unterlassener Gruß sind weder kriminell noch innovativ, dennoch verstoßen sie gegen Normen. Es handelt sich um Formen von Devianz, die in der Regel nicht besonders sanktioniert werden, wenn sie auch im alltäglichen Rahmen unerwünscht sind. Im Vergleich zur »konventionellen Devianz« ist die Chance sehr viel geringer, dass die betreffenden Verhaltensweisen den Status der Normalität erhalten könnten und damit Innovationsfunktionen für das Normensystem übernehmen.

Es existiert noch eine weitere Art von Devianz: Formen von Abweichungen, die allgemein als Problem anerkannt sind. Wie diese Anerkennung zustande kommt, wird in Kapitel 2.2 erläutert. Hier ist festzuhalten, dass es Devianz gibt, die nicht nur »provozierend« ist, sondern auch besonders *»problematisch«*. Sie erfährt einen Grad an Missbilligung, der besondere Gegenmaßnahmen plausibel macht und zu deren Institutionalisierung führt. Kriminalität ist ein besonderes Beispiel dieser Devianz, wenngleich bestimmte Arten von Kriminalität eine sehr viel höhere Problemhaftigkeit zu implizieren scheinen als andere. Etwa so genannte »Bagatellkriminalität« wird von einigen als Nicht-Problem angesehen, während sexuelle Gewalt sehr stark als Problem empfunden wird. Daneben gibt es weitere Arten »problematischer Devianz«, wie Krankheit oder Alter. Sie sind nicht kriminell, gelten aber als soziale Probleme.

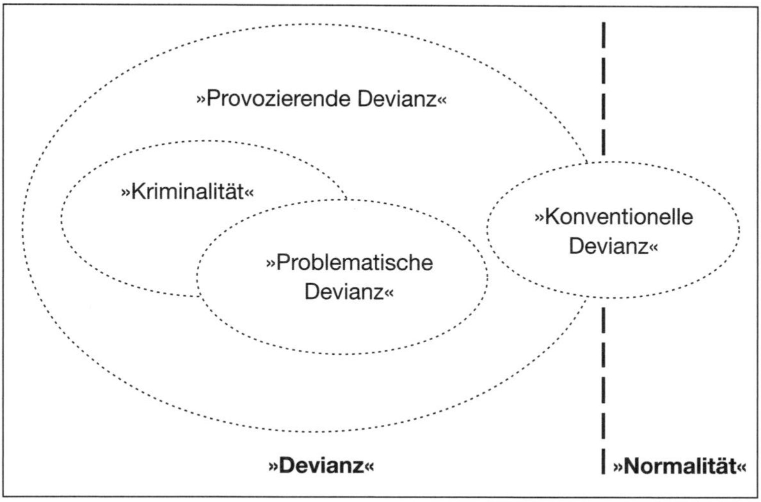

Abb 1: ***Devianzarten und -felder***

Wir kommen damit zu vier idealtypischen Arten von Devianz:

1. »*Konventionelle Devianz*«: Sie steht an einer Grenze zwischen Konformität und Devianz. Es handelt sich um unspektakuläre Abweichungen, die Flexibilität und Innovationsfunktionen symbolisieren können (z.B. bunte Haare).
2. »*Provozierende Devianz*«: Sie stößt weitgehend auf Missbilligung, ohne per se kriminell zu sein. Die Normen, die verletzt werden, sind in hohem Maße anerkannt (z.B. ein unterlassener Gruß).
3. »*Problematische Devianz*«: Ihr Auftreten gilt als in besonderem Maße unerwünscht. Man kann sie nicht tolerieren und es gibt spezielle Maßnahmen, um gegen sie vorzugehen, sie zu regulieren oder zu beheben (z.B. der Konsum »harter« Drogen).
4. »*Kriminalität*«: Sie ist »objektiv«, d.h. in der Form von Rechtsnormen, als Devianz festgeschrieben (z.B. Betrug).

In Abbildung 1 sind die vier Arten wiedergegeben. Die Anführungszeichen, in denen die einzelnen Devianzformen – ebenso die

Normalität – angegeben sind, bezeugt ihre Definitions- und Bewertungsabhängigkeit. Devianz wird Relation zu Normen konstituiert (vgl. H. Peters 1989, S. 20).

Unsere Klassifikation ist daran orientiert, in welchem Maße negative Sanktionen Normverletzungen bedrohen. Von der »konventionellen Devianz« bis hin zur »Kriminalität« steigt das drohende Ausmaß formeller negativer Sanktionen. Die »problematische Devianz« weicht davon ab, da sie sehr unterschiedlich gewertet wird. Manche Arten werden stark bestraft, andere gar nicht (s. Kap. 2.2). Ihnen ist lediglich gemeinsam, dass sie als soziale Probleme gelten.

Die einzelnen Formen von Devianz sind nicht klar festgelegt, sondern wandeln sich. Es gibt Überschneidungen der vier Abweichungsformen, was oben durch die Überlagerung der Kreise dargestellt ist. Die variable Grenze zwischen den Gesamtbereichen »Devianz« und »Normalität« bezeugt die Variabilität entsprechender Zuschreibungen. Sie wird in interkulturellen Vergleichen besonders deutlich (vgl. Lamnek 1999, S. 31ff.). Ob ein Verhalten als abweichend gilt und sanktionsbedroht ist, ist abhängig von einer Bewertung, die je nach kulturellem und zeitlichem Kontext unterschiedlich ausfallen kann. Zudem entscheiden die situativen Rahmenbedingungen, in denen Devianz auftritt, und die Personen, denen sie attestiert wird, mit darüber, um welche Art von Devianz es sich handelt. Etwa ein unterlassener Gruß kann durchaus zu formellen negativen Sanktionen führen, wenn in militärischen Kreisen ein Untergebener eine höher gestellte Person nicht grüßt. Dabei handelt es sich allerdings um eine Ausnahme, denn in aller Regel zeigt das Beispiel eine alltägliche und wenig stigmatisierbare Erscheinung, die vor allem »provozierend« wirken kann. Eventuell war jemand war nur sehr in Gedanken versunken, so dass man es dem Betreffenden dann nicht übel nimmt, wenn der Gruß entfällt.

Dabei ist auch der umgekehrte Fall denkbar: Verhalten wird an sich negativ bewertet, aber nicht im spezifischen situativen Kontext. Subkulturtheorien (s. Kap. 4.1) verweisen auf die konfligierenden Wert- und Normsysteme, die innerhalb einer Gesellschaft auftreten. In einer Subkultur kann Delinquenz mit einem hohen Status beantwortet werden, wenn die Mitglieder entsprechende Anerkennung für sie übermitteln. Von einer gesamtgesellschaftlichen Perspektive aus handelt es sich dennoch um Devianz, da sie strafrechtlich fixiert ist.

Auch in anderen Fällen kann die Bewertung des Normalitäts- oder Devianzstatus schwierig sein. In einer Gruppe kann unbedingtes Erfolgsstreben »Normalität« sein, während es in einer anderen verpönt ist bzw. in einer weiteren keine besondere Rolle spielt. In heterogenen und komplexen Gesellschaften treten derartige Streitfälle häufig auf, da sehr viele Gruppierungen bestehen, die sich durch eigenständige Normalitätserwartungen auszeichnen. Damit kann sich beim Übergang von einer Gruppe in eine andere verändern, was als abweichend gilt und wem Devianz zugeschrieben wird.

Würde man von dieser Vielfalt an Gruppen und ihrer normativen Referenzsysteme ausgehend Abweichungen definieren, so käme man zu beinahe beliebigen Festlegungen. Dem wird hier insofern entgangen, als nachfolgend die Arten von Devianz im Blickpunkt stehen, von denen relativ unstrittig ist, dass sie Abweichungen darstellen. Theorien abweichenden Verhaltens konzentrieren sich vornehmlich auf die Devianzformen, die als »problematisch« zu bezeichnen sind[1]; teilweise überschneidet sich der betrachtete Wirklichkeitsbereich mit dem, was als »Kriminalität« identifiziert wird. Um diesen Überschneidungsbereich geht es in der vorliegenden Einführung hauptsächlich. Es kann unterstellt werden, dass eine Vielzahl an Mitgliedern einer Gesellschaft der Annahme zustimmt, es handle sich dabei um besonders relevante Devianz, wie dies bei Rechtsextremismus, Drogenkonsum oder physischer Gewaltanwendung der Fall ist. Einen Indikator dafür zeigt der hohe Aufwand, der bereitgestellt und eingesetzt wird, um diese Normverletzungen zu bearbeiten, sei es durch das System der Strafverfolgung und -vollstreckung oder insgesamt durch die institutionalisierten

1 Die problematische Devianz hat im Vergleich zu den anderen Devianzarten die größte phänomenologische Schnittmenge mit Risikoverhalten (vgl. Raithel 2004). Allerdings unterscheiden sich problematische Devianz und Risiko- bzw. Problemverhalten im Fokus bzw. in der Probleminterpretation/-sichtweise. Risiko-/Problemverhalten wird als problematisch für das Individuum betrachtet, während Devianz eher als problematisch bzw. ungewollt für die Gesellschaft verstanden wird.

Strategien ihrer Bekämpfung. Diese Devianzformen als soziale Probleme zu bezeichnen soll daran erinnern, dass es sich um Zuschreibungen handelt, die sich im Zeitverlauf ändern und die interkulturell variieren. Empirische Befunde weisen eine hohe Variabilität der öffentlichen Bewertung devianten Verhaltens nach; etwa Drogen- und Gewaltdelikte erfuhren in den vergangenen Jahrzehnten deutlich veränderte Einschätzungen (vgl. Reuband 2004).

Oftmals wird durch die Devianztheorien Delinquenz erklärt, die bei den nachfolgend erörterten Theorien im Vordergrund steht. Es ist zu bedenken, dass nicht nur »konventionell« erscheinende Devianz damit ausgeblendet wird, sondern z.B. auch bestimmte Formen von Kriminalität. Etwa die »Kriminalität der Mächtigen« wird, obwohl sie z.T. große Schäden verursacht, relativ selten öffentlich als Kriminalitätsproblem wahrgenommen (vgl. Brusten 1999, S. 510). Kriminalität zu erklären bedeutet für Devianztheorien deshalb oftmals, bestimmte Arten von Kriminalität bestimmter Personengruppen zu fokussieren und andere zu ignorieren.

Daneben sind einige Theorien aber auch relativ breit anwendbar, indem sie versuchen, allgemein auffälliges und »problematisches« Verhalten zu erhellen. Anomie- oder Stresstheorien (s. Kapitel 3.4; 5.1) können beispielsweise auf die Entstehung von Krankheit, Alkoholkonsum, jugendliche Unangepasstheit oder anderes bezogen werden.

2.1.2 Warum »Theorien« abweichenden Verhaltens?

Nach dieser ersten Annäherung an Abweichungen, die im Anschluss weiter vertieft wird, soll nun geklärt werden, warum man überhaupt *Theorien* benötigt, die Devianz erklären. Zunächst gilt es zu erschließen, was Theorien sind. Dewe und Otto (2001, S. 1968) definieren eine wissenschaftliche Theorie als »ein System von intersubjektiv überprüfbaren, methodisch gewonnenen, in einem konsistenten Zusammenhang formulierten Aussagen über einen definierten Sachverhalt«. Eine Theorie weist also vier Merkmale auf:

1. Es handelt sich um ein System von Aussagen. Sie stehen in einem konsistenten Zusammenhang. Man kann erwarten, dass sie logisch und widerspruchsfrei formuliert sind.
2. Theorien müssen intersubjektiv überprüfbar sein. Man muss in der Lage sein zu erschließen, ob der Gehalt ihrer Aussagen zutrifft oder nicht, was bei vielen Alltagstheorien nicht möglicht ist oder nicht wichtig erscheint.
3. Die Gewinnung der Theorien erfolgt methodisch kontrolliert, d.h. nach angebbaren Regeln. Neben der Möglichkeit Theorien durch empirische Belege induktiv zu gewinnen, können sie durch eine Auseinandersetzung mit bestehenden Theorien und Konzepten etabliert, also abgeleitet bzw. deduziert, werden.
4. Theorien beziehen sich auf einen mehr oder weniger klar bestimmten, wissenschaftlich relevant erscheinenden Sachverhalt, hier auf abweichendes Verhalten.

Für den nachfolgend verwendeten Theoriebegriff ergibt sich damit eine Abgrenzung in zwei Richtungen. Theorien stehen *multifaktoriellen Ansätzen* und *alltäglichem Wissen* gegenüber:

a) Zunächst unterscheiden sich Theorien von der bloßen *Sammlung von »Tatsachen«*. Auf einen ersten Blick könnte es für eine Erklärung von Devianz genügen, Sachverhalte zu erschließen, die mit ihr in Verbindung stehen. Z.B. könnte man Straftäter danach befragen, wie sie aufgewachsen sind, mit wem sie Kontakt hatten, welche Erfahrungen sie in der Schule machten usw., um so eine Reihe von Faktoren zu erlangen, die ihr Fehlverhalten erklärbar machen. Tatsächlich verfahren auf vergleichbare Weise eine Reihe empirischer Studien. Eine klassische Kritik an den von ihnen vorgelegten Risikofaktorensammlungen legte Albert K. Cohen (1968) vor. Er kritisierte, multifaktorielle Ansätze folgten der Logik »Böses verursacht Böses« (Cohen 1968, S. 223). Damit ist Folgendes gemeint: Von diesen Ansätzen wird die »Tatsache« der Kriminalität als etwas Unerwünschtes vorausgesetzt. Sie dient als Legitimation dazu, um nach ebenfalls unerwünschten Faktoren in der Vergangenheit des oder der Delinquenten zu suchen. Damit kommt es zu Verzerrungen, denn alternative Entwicklungen werden ausgeschlossen. Eine Vielzahl an Personen kann vergleichbaren negativen Umständen ausgesetzt gewesen sein, ohne deswegen kriminell geworden zu sein. In der rekonstruktiven Erschließung kommen zudem vor allem solche Bedingungen in das Bewusstsein, die als etwas Besonderes und allgemein als förderlich für Delinquenz gelten. Ereignisse der Sozialisation können demnach von Betreffenden dramatischer dargestellt werden, als sie eigentlich waren (vgl. Krausz et al. 1998, S. 229). Eine Person, die als kriminell gilt, wird nicht nur von außen so bezeichnet, sondern nimmt sich u.U. selbst entsprechend wahr. Sie versucht, ihr Leben zu verstehen; dabei kommen Ursachenkonstruktionen über die Entwicklung von Delinquenz zum Tragen. Wird die Person nach ihrer Lebensgeschichte befragt, so wird sie Ereignisse nennen, die ihr selbst als mögliche Hinweise für ihre Lage relevant erscheinen; alltäglich verbreitete Deutungen von Risikofaktoren werden dann durch wissenschaftliche Faktorensammlungen reproduziert. Was eine Folge der Devianzwahrnehmung ist, etwa soziale Ausgrenzung, kann dann fälschlich zu einer Ursache erklärt werden (vgl. O'Neill 2005, S. 16). Verzerrungen ergeben sich auch, wenn Faktoren aus offiziellen Statistiken über Kriminalität – vor allem aus der polizeilichen Kriminalstatistik – gewonnen werden. In den Statistiken schlagen sich die Suchraster strafverfolgender Instanzen nieder, die ihrerseits an allgemein plausiblen Vorstellungen über die Hintergründe von Delinquenz orientiert sind (vgl. Keckeisen 1974, S. 131).

Es ist also zu bedenken, dass uninterpretierte »Tatsachen« nicht existieren. Alfred Schütz (1971, S. 7) spricht deshalb von Forschung als Herstellung von »Konstruktionen zweiten Grades«; »es sind Konstruktionen jener Konstruktionen, die im Sozialfeld von den Handelnden gebildet werden, deren Verhalten der Wissenschaftler beobachtet und in Übereinstimmung mit den Verfahrensregeln seiner Wissenschaft zu erklären versucht«.

Die Suche nach objektiven Faktoren zur Erklärung von Kriminalität ist stets von Hypothesen geleitet, die die komplexe Wirklichkeit mit Blick auf denkbare Ursachen systematisieren. So kommt z.B. ein unvollständiges Elternhaus sehr viel eher in Betracht als Linkshändigkeit oder Kurzsichtigkeit. Reflektiert man nicht den Theoriegehalt dieser Selektionsleistungen, so kommt man entweder zu unsinnig komplexen Faktorensammlungen oder zu der von Cohen beschriebenen Pseudologik. Dies kann nur durch eine selbstreflexive Haltung und eine Distanzierung von scheinbar Selbstverständlichem verhindert werden (vgl. Kunz 2004, S. 14ff.), und dazu gehört in erster Linie Theoriearbeit.

b) Daneben sind (sozial-)wissenschaftliche Theorien von so genannten »*Alltagstheorien*« zu unterscheiden. Selbst wenn zum Teil Überschneidungen auftreten, da wissenschaftliche Theorien in den Alltag Eingang finden und sich umgekehrt an allgemeinen Vorstellungen orientieren, ist eine Unterscheidung sinnvoll und angezeigt (vgl. Doehlemann 2004, S. 20). Alltagstheorien sind dabei nicht unwichtiger oder schlechter als wissenschaftliche Theorien, aber sie folgen eigenen Regeln. Wenn man die oben genannten vier Kriterien zugrunde legt, zeichnen sich Theorien, die im Alltag verwendet werden, in der Regel durch einen inkonsistenten Formulierungszusammenhang, durch fehlende systematische Überprüfungsmöglichkeiten, durch eine unkontrollierte Gewinnung und durch einen eher vagen Objektbereich aus. Sie sind nicht wissenschaftlich, genügen aber den Ansprüchen alltäglicher Kommunikation, da sie in einem Orientierungshorizont eingefasst sind, der sie zur praktischen Erklärung bestimmter Sachverhalte angezeigt erscheinen lässt. Etwa eine Erklärung von Kriminalität nach dem Motto »der Apfel fällt nicht weit vom Stamm« mag in diesem Zusammenhang genügen, um zu »erklären«, warum der Sohn eines Delinquenten selbst delinquent wird; wissenschaftlich ist eine derart einfache Kausalkonstruktion unzureichend und bedarf der Prüfung.
Alltagstheorien müssen vor allem pragmatischen Zwecken dienen, deshalb ist der Zweifel an ihrem Wahrheitsgehalt meist gering. Während wissenschaftliche Theorien durch die geschilderten Kriterien eine systematische Skepsis ihres Wahrheitsgehalts verfolgen und immer wieder belegen müssen, dass sie »richtig« sind, genügt im Alltag praktische Verwertbarkeit. Will man Alltagstheorien verändern, muss man sich »einen Stoß versetzen«

(Berger/Luckmann 1969, S. 26) und eine Grenze überschreiten, da Zweifel an ihnen ungewöhnlich sind.
Um ein Missverständnis zu vermeiden, ist zu betonen, dass Alltagstheorien nicht nur in informeller Kommunikation Anwendung finden, wie der Begriff vermuten lassen mag. Etwa auch Richter orientierten sich bei ihrer Entscheidungsfindung an verbreiteten Vorstellungen darüber, wie Kriminalität zustande kommt, beispielsweise durch schlechte äußere Umstände wie Armut oder »schädliche Neigungen«. Angehörige unterer Schichten erfahren hierbei eine negativere Sanktionierung als andere Personen (vgl. D. Peters 1973). Sie scheinen in besonders negativen Umständen zu leben, die zu Kriminalität verleiten. Mit Blick auf Prognosen des zukünftigen rechtsnormbezogenen Verhaltens, die so genannte »Legalbewährung«, sind Menschen, die Alltagstheorien gemäß als rückfallgefährdet gelten, folglich mit einer schlechten Beurteilung konfrontiert. Dem steht entgegen, dass Vorhersagen künftiger Kriminalität wissenschaftlich als sehr problematisch zu werten sind. Selbst bei Mehrfach- oder Intensivtätern warten Kriminalitätsprognosen mit hohen Fehlerquoten auf (vgl. Albrecht 1993; Erster Periodischer Sicherheitsbericht 2001, S. 482; Heinz 2003, S. 80f.).

Die beiden Abgrenzungen zeigen, dass wissenschaftliche Theorien über abweichendes Verhalten unverzichtbar sind. Sowohl Risikofaktorensammlungen als auch Alltagswissen sind »theoriehaltiger« und klärungsbedürftiger, als es auf einen ersten Blick erscheint. Nur durch die Formulierung und Diskussion wissenschaftliche Theorien ist es möglich, das Wissen über Devianz zu erweitern und oftmals nur implizites Wissen zu reflektieren.

Max Weber (1988, S. 601) verglich wissenschaftliches Arbeiten mit der Tätigkeit von »Pflugscharen zur Lockerung des Erdreiches des kontemplativen Denkens«. Tatsächlich mag es mühsam erscheinen, sich durch z.T. widersprüchliche Theorien zu arbeiten und sich durch sie mit »unbequemen Tatsachen« (ebd., S. 603) konfrontieren zu lassen. Aber nur durch entsprechende Theoriearbeit können Erkenntnisfortschritte erzielt und alltägliche Routinen verlassen werden. Dies trägt dazu bei, nicht nur Devianz, sondern auch Konformität zu verstehen, denn diese ist durch Devianz konstituiert und umgekehrt. Luhmann (1983, S. 43) bezeichnet Normen deshalb als »kontrafaktisch stabilisierte Verhaltenserwartungen«. Sich mit Devianz zu befassen erschließt, was in einer Gesellschaft als Normalität gilt.

2.2 Abweichendes Verhalten als soziales Problem

2.2.1 Die Konstruktion sozialer Probleme

Wie oben beschrieben, erhellen Devianztheorien Teilbereiche menschlichen Verhaltens, und zwar solches, das als normabweichend betrachtet wird. Von Normabweichungen werden aber nur bestimmte Formen theoretisch beleuchtet. Eine umfassende Theorie, die sich auf alle denkbaren Arten von Devianz erstrecken kann, wurde bislang nicht vorgelegt und angesichts der Verschiedenartigkeit der Abweichungen von Normen kann sie nicht erfolgreich formuliert werden. Zu erklären wären gesundheitliche Probleme, mehr oder weniger alltägliche Erwartungsenttäuschungen, Gewaltkriminalität, Wirtschaftsdelinquenz, sozial unangepasste Kleidungsstile, psychische Auffälligkeiten und anderes.

Angesichts dieser Vielfalt konzentrieren sich Theorien abweichenden Verhaltens, wie oben angedeutet, vor allem auf »problematische Devianz«. Es handelt sich um Normabweichungen, die als soziale Probleme angesehen werden (vgl. Sidler 1999, S. 55ff.) und dabei häufig – aber keineswegs immer – um solche, die sich mit kriminellem Verhalten überschneiden.

Was ist nun ein soziales Problem? Folgt man dem im deutschen Sprachraum derzeit umfassendsten Handbuch zu sozialen Problemen (vgl. Albrecht et al. 1999), so handelt es sich z.B. um Erscheinungen wie AIDS, Arbeitslosigkeit, Frauendiskriminierung, Körperbehinderung, Kriminalität oder Suizid. Derartige soziale Probleme zeigen einen Ausschnitt von Normabweichungen, an dem besonderes öffentliches Interesse besteht. Zwar sind die Phänomene im Einzelnen heterogen, aber wer von ihnen spricht, setzt einen Konsens voraus, dass es sich um unerwünschte Zustände handelt, die gelöst oder wenigstens sinnvoll bearbeitet werden sollen. Dieser Konsens bezieht sich auch auf den wissenschaftlichen Diskurs über Devianz.

Im Zeitverlauf wird sichtbar, dass sich das Spektrum plausibler Themen verschiebt. Beispielsweise galt vom 14. bis zum 17. Jahrhundert die Verfolgung von Hexen als ernstes und drängendes Problem, während heute offenkundig ist, dass dieses soziale Probleme keine wirkliche Grundlage hatte. Auch sind z.B. Homosexualität oder wechselnde Partnerschaften derzeit normalisierte Erscheinungen des Lebens, während sie vor wenigen Jahren noch in der Regel als problematisch wahrgenommen wurden, von der Allgemeinheit nicht toleriert wurden und kriminologisch relevante Themen waren (z.B. Göppinger 1980, S. 214f., S. 624ff.). Dafür werden heute Sachverhalte problematisiert, die früher Normalität waren. Etwa Rauchen erfährt in jüngerer Vergangenheit eine deutlich stärkere Zurückweisung als noch vor wenigen Jahren (vgl. Schmidt-Semisch 2005).

Was als soziales Problem gilt und was nicht, unterliegt demnach einem Wandel. Dadurch verändert sich der Kreis der Themen, für die besonderer Erklärungsbedarf besteht und für die Theorien abweichenden Verhaltens nachgefragt und formuliert werden. Allgemein hatte dies u.a. Max Weber (1988) diskutiert: Wissenschaftler widmen sich Themen, für die sie sich aufgrund bestimmter Werthaltungen interessieren. Ihre Theorien müssen deswegen nicht werthaltig sein, aber dies gilt für ihren Ausgangspunkt. Selbst eine wertneutrale Tatsachenbeschreibung ist »keine ›voraussetzungslose‹ Untersuchung des empirisch Gegebenen (...), sondern seine Feststellung ist Voraussetzung dafür, dass etwas Gegenstand der Untersuchung ist« (Weber 1988, S. 175f.).

Im Falle von abweichendem Verhalten heißt dies, ein Sachverhalt ist derart bedeutsam, dass er als soziales Problem interpretiert wird. Es ist also zu bestimmen, was es bedeutet, dass Devianztheorien sich mit sozialen Problemen auseinander setzen. Es ist zu fragen, was ein soziales Problem ist und wie es zustande kommt.

Robert K. Merton (1975, S. 114) zufolge bestehen soziale Probleme aus »einer wesentlichen Diskrepanz zwischen sozial akzeptierten Standards und tatsächlich vorherrschenden sozialen Bedingungen«. Ein Problem besitzt demnach einen objektiven Kern, der für sich genommen problematisch ist. Hieraus abgeleitet gibt es zwei Arten von sozialen Problemen: Solche, die erkannt wurden, sind »manifeste« Probleme. Daneben existieren solche, die bisher unerkannt geblieben sind und die als »latente« soziale Probleme bestehen (vgl. Merton 1975, S. 121f.).

Den Ausgangspunkt von Mertons Annahme bilden Werte und Standards, die in einer Gesellschaft gelten. Von ihnen aus betrachtet, kann der Problemcharakter von Sachverhalten erschlossen werden. Kennt ein Wissenschaftler die zentralen Standards einer Gesellschaft, dann kann er darüber Auskunft geben, welche Probleme noch nicht erkannt wurden und von latenten zu manifesten Problemen gemacht werden sollten. Von den Standards aus gesehen, ist es rational sie zu »problematisieren«, d.h. sie öffentlich bekannt zu machen und aus den latenten manifeste Probleme zu machen. Dies kann zwar den Unzufriedenheitsgrad in einer Gesellschaft erhöhen, da die Probleme dann in der Folge erst bewusst werden, aber die Probleme können nur dann einer Lösung zugeführt werden. Armut zu verschweigen kann den Anschein vermitteln, es herrsche allgemeine soziale Gerechtigkeit. Sie wird dadurch aber nicht gelöst und verschlimmert sich möglicherweise. Will man sie bearbeiten, dann muss sie als Problem publik gemacht werden, um Mittel gegen sie zu mobilisieren.

Mertons Thesen klangen zunächst plausibel, sie wurden aber in den letzten Jahrzehnten immer stärker kritisiert. Im Sinne Webers war zu fragen, warum man sich überhaupt mit bestimmten Problemen auseinandersetzte. Wissenschaftliche Untersuchungen sozialer Probleme – wie auch Devianztheorien – folgen vergleichbaren Werten und Themen wie die Öffentlichkeit; sie bleiben also an allgemeine Werturteile gebunden (vgl. Blumer 1975; O'Neill 2005). Wären etwa Diebstahl oder Rauchen keine sozialen Probleme, so dürften kaum Theorien zu finden sein, die sie zu erklären suchen. Zudem gibt es bei der Erklärung von Devianz Konjunkturen der Art wissenschaftlicher Problematisierung, in die kulturelle Vorstellungen über Probleme Eingang halten. Man kann in der historischen Rückschau gleichsam bestimmte »Moden« sehen, wie auf allgemein plausible Weise versucht wurde, soziale Probleme zu erklären (vgl. Dollinger 2006; Edelman 1988, S. 182; Fleck 1980; Marschalck 2002, S. 108).

Die objektive Problemhaltigkeit von Erscheinungen muss deshalb in den Hintergrund rücken, wenn es darum geht, soziale Probleme zu bestimmen. Wichtiger ist ihre Definition. Ein soziales Problem besteht folglich »primär in den Begriffen, in denen es definiert und ausgedrückt wird innerhalb einer Gesellschaft« (Blumer 1975, S. 105). Ob ein Sachverhalt zu einem sozialen Problem wird oder nicht, liegt nicht in einer wie auch immer gearteten Objektivität begründet. Etwa das genannte Treiben von Hexen galt als soziales Problem, obwohl ihm nach heutigem Wissenstand keinerlei empirische Basis eigen war. Allerdings gab es genug Definitionsmacht, die zu einer wirkmächtigen Problemkonstruktion führte. Es gab Interessensgruppen, für die es sinnvoll war, den Sachverhalt zu problematisieren. Andere Gruppen hatten unter der Definition zu leiden oder lehnten sie prinzipiell ab.

Somit kommen bei einer Problemdefinition stets konfligierende Perspektiven und Interessen zum Tragen (vgl. Sack 1978). Die erfolgreiche Etablierung eines sozialen Problems verweist vor allem auf Definitionsmacht. Wissenschaftler, die auf Probleme hinweisen, haben nicht im Sinne Mertons einen privilegierten Zugang zu Problemen, sondern sie treten selbst als Problemdefinierer auf und konkurrieren dabei mit anderen Sichtweisen. Allerdings kann ihrem Wissen, etwa durch die Herstellung von Gutachten, besondere Relevanz zukommen, um Problemdefinitionen abzusichern (vgl. Jasanoff 1986). Soziale Bewegungen, die nachweisen wollen, dass etwas ein Problem darstellt – ein Sendemast für Handy-Telefonate, genmanipuliertes Essen, Brutalität in Filmen oder anderes – belegen ihre These durch wissenschaftliche Gutachten, um sich durch sie zu legitimieren.

Es gibt demnach Voraussetzungen, um einen Sachverhalt erfolgreich als Problem zu definieren. Nicht jeder Einzelne kann Beliebiges problematisieren, sondern die Chancen dazu sind ungleich verteilt. Giesen (1983, S. 236) nennt als Erfolgskriterien für Problemdefinitionen drei Bedingungen:

»1. Bei einer bedeutsamen Gruppe von Gesellschaftsmitgliedern muss ein *artikuliertes Interesse* an der Problematisierung des Tatbestandes bestehen (...).
2. Der als problematisch aufgefasste Tatbestand muss eindeutig innerhalb der Grenzen der *gesellschaftlichen Gemeinschaft* verortet sein (...).
3. Störungen der Sozialordnung setzen verbindliche *normative Definitionen*, ein appellationsfähiges Ideal des guten Lebens und richtigen Handelns für alle Gesellschaftsmitglieder voraus.«

Ein Konsens über gemeinsame Standards einer Gesellschaft ist damit Teil einer Problemdefinition. Er wird bei einer erfolgreichen Problematisierung gegen abweichende Meinungen hergestellt. Man einigt sich darauf, dass etwas unerwünscht ist und dabei setzen sich diejenigen durch, die ein besonderes Interesse an der Herstellung des Problems haben. Es kann dabei zu problemspezifischen Koalitionen von Interessensverbänden kommen, bestehende Konsense können aktualisiert oder auf »neue« Problemlagen bezogen werden. In jedem Fall besteht ein Problem nicht an sich, sondern es wird als solches definiert. Man spricht deshalb auch von konstruktivistischen Ansätzen, die den Konstruktionscharakter sozialer Probleme betonen (zur Übersicht und Diskussion vgl. Albrecht 1990; Groenemeyer 1999; Haferkamp 1987; H. Peters 2002; Schetsche 1996). Ausgehend vom angloamerikanischen Sprachraum erfuhren in den vergangenen Jahren die konstruktivistischen Ansätze immer stärkeres Gewicht (vgl. Albrecht 2001, S. 125). Die Definitionsabhängigkeit von Problemen wurde z.B. durch das Auftreten zahlreicher sozialer Bewegungen, die jeweils unterschiedliche Probleme anprangerten, durch gesellschaftliche Differenzierungen mit jeweils unterschiedlichen Möglichkeit von Problemerfahrungen und durch eine ausgebaute massenmediale Infrastruktur als Grundlage von Problemdarstellungen einsichtig (vgl. H. Peters 1998, S. 606f.). Der von Merton vermutete Konsens allgemeiner Standards selbst komplexer und hochgradig differenzierter Gesellschaften verlor an Glaubwürdigkeit.

Diesbezüglich gibt es eine Instanz, die vorrangig darüber entscheidet, ob ein Sachverhalt als soziales Problem anzuerkennen ist.

Problemdefinierer müssen sich an den (Wohlfahrts-)Staat richten, wenn sie sicherstellen wollen, dass ein Problem dauerhaft als solches anerkannt wird (vgl. Schetsche 1996, S. 125ff.). Er kann Ressourcen – v.a. Geld und Recht – für eine langfristige und wirkmächtige Bearbeitung von Problemen garantieren. In diesem Sinne kann die staatliche Sozialpolitik als umfassendes System der Problembearbeitung betrachtet werden, da zentrale Risiken der Lebensführung durch sie reguliert werden.

Dabei ist der Staat auf öffentliche Unterstützung angewiesen. In demokratischen Gesellschaften ist nicht davon auszugehen, dass Gesetze längerfristig gegen die Akzeptanz der Bevölkerung Bestand haben (vgl. Württenberger 1999). Eine wichtige Rolle spielen dabei Massenmedien, die Anerkennung für Problemdefinitionen mobilisieren, sie aber auch verweigern oder entziehen können. Ein zentraler Adressat bleibt jedoch der Staat, der in der Regel darüber entscheidet, ob eine Definition Erfolg hat oder nicht.

Treten in Ausnahmefällen staatliche Institutionen selbst als Problemdefinierer auf, so bedarf es öffentlicher Anerkennung, um Interventionsforderungen zu legitimieren. Ein Beispiel zeigt die restriktive internationale Drogengesetzgebung, die historisch wesentlich durch Staaten aus vorrangig diplomatischen und wirtschaftlichen Gründen initiiert wurde (vgl. Scheerer 1993; Jungblut 2004, S. 30ff.). Nachweise gesundheitlicher Schädigungen spielten hierbei eine zunächst periphere Rolle; sie dominierten erst später die Auseinandersetzungen, nachdem die Problemdefinition institutionalisiert war.

Dies zeigt, dass Problemkonstruktionen verschiedene Hürden nehmen müssen, um erfolgreich zu sein. Der Weg, der bis zur Etablierung eines sozialen Problems zurückgelegt wird, wird durch Stufenmodelle beschrieben. Abbildung 2 beschreibt die erfolgreich verlaufende Konstruktion eines sozialen Problems anhand von sechs Stufen.

Schetsche grenzt sich mit diesem Modell sowohl von Mertons Vorgaben ab als auch von rein konstruktivistischen Vorstellungen. Während Merton von zu idealistischen Vorstellungen ausging, negieren rein konstruktivistische Ansätze, dass bei der Problemdefinition Objektivitäten eine Rolle spielen.

1. *Öffentliche Thematisierung eines Sachverhalts durch kollektive Akteure:* Problemdefinierer wie soziale Bewegungen oder Wissenschaftler behaupten als „moralische Unternehmer“ (Becker 1981, S. 133), ein Sachverhalt verstoße gegen zentrale Werte der Gesellschaft.
2. *Entstehung einer Problemwahrnehmung im gesellschaftlichen Diskurs:* Ursprüngliche Interpretationen des Sachverhalts verlieren an Bedeutung. Er wird, unterstützt vor allem durch die Massenmedien, vorrangig als Problem interpretiert.
3. *Absicherung der Problemzuschreibung durch Diskursstrategien:* Emotionalisierungen prägen die Deutung des Problems. Es wird dramatisiert und moralisiert; es kommt zur Bildung von Mythen. Das Interesse von Massenmedien wächst.
4. *Problemverankerung im Alltag:* Menschen erfahren den Sachverhalt so, wie er durch die Problemdefinition konstituiert wurde. Sie agieren entsprechend und die Definition wird reproduziert.
5. *Staatliche Anerkennung:* Je nach ihrer Interessenslage akzeptieren politische Parteien die Problemdefinition. Durch ihre Befürwortung kommt es zur Reproduktion der Problemwahrnehmung und zur Institutionalisierung von Interventionsstrategien.
6. *Bewährung der Definition als Realität:* Durch die gesellschaftliche Etablierung der Problemdeutung und durch ihre alltägliche Verankerung ist die Existenz des Problems gesichert.

Abb. 2: ***Stufen einer erfolgreichen Problemkonstruktion***
(nach Schetsche 2000, S. 30ff.)

So bezeichnen Kitsuse und Spector (1973, S. 415) soziale Probleme als Aktivitäten von Gruppen, die mit der Behauptung und der Klage auftreten, bestimmte Bedingungen seien problematisch. Dies ist insofern unbefriedigend, als soziale Probleme sich in der Wahrnehmung einer großen Zahl von Personen niederschlagen und sie damit den Status eines objektiven sozialen Sachverhaltes bekommen. Zudem gehen Problemdefinitionen von objektiv bestehenden Sachverhalten aus. Sie müssen nicht – wie auch immer dies zu bestimmen wäre – »an sich« problematisch sein, wie Merton vermutet hatte. Aber sie besitzen einen Objektivitätsstatus, der dann im Laufe seiner Umdeutung als Problem in den dargestellten Stufen fundamental verändert wird.

In diesem Sinne geht Blumer von objektiv bestehenden Bedingungen einer Gesellschaft aus, die in der Problemdefinition verändert werden. Im Ergebnis sind soziale Probleme »hauptsächlich Resultate eines Prozesses kollektiver Definition (...); sie existieren nicht unabhängig davon als eine Konstellation objektiver sozialer Bedingungen spezifischer Art« (Blumer 1975, S. 102). Entscheidend ist die Definitionsleistung, durch die in einem voraussetzungsvollen Prozess darüber entschieden wird, ob und auf welche Weise ein Sachverhalt als Problem etabliert wird. Ist dieser Prozess erfolgreich abgeschlossen, dann definiert und akzeptiert ihn eine große Zahl an Mitgliedern einer Gesellschaft »objektiv« als Problem. Von Theorien abweichenden Verhaltens, die das Problem – etwa Kriminalität – erklären wollen, kann es als Realität vorausgesetzt werden. Es gilt als allgemein plausibel, Theorien zur Entstehung von Kriminalität zu formulieren, um sie besser verstehen zu können und um Interventionen gegen sie anzuleiten.

2.2.2 Erklärungsrichtungen sozialer Probleme

Mit einer Problemkonstruktion ist die Frage verbunden, wie mit dem Problem umgegangen werden soll. Bleibt man bei dem Beispiel der Kriminalität, so ist sie im historischen Vergleich ein relativ junges Resultat gesellschaftlicher Definitionsprozesse (vgl. Hess/Stehr 1987). Da die Definition erfolgreich war und im Alltag verankert ist, gibt es eine kulturell verwurzelte »Sinnprovinz Kriminalität« (Hess/Scheerer 2004, S. 70). Verschiedene Erscheinungen des Lebens werden als Kriminalität identifiziert und Menschen können auch ihre eigenen Handlungen als »kriminell« taxieren. Zwar ist im juristischen Sinne eine Handlung erst dann kriminell, wenn sie gerichtlich als solche beurteilt wird, dennoch sind entsprechende Interpretationen derart allgemein gefestigt, dass in vielen Fällen kaum Zweifel zu bestehen scheinen, dass es sich um Kriminalität handelt, etwa wenn in einem Kaufhaus jemand ertappt wird, wie er eine Ware an der Kasse vorbeischmuggeln will.

Hat man den Betreffenden entdeckt, dann ergibt sich die Frage: Wie soll mit ihm weiter verfahren werden? Das Kaufhaus muss ein

Interesse daran haben, ökonomischen Schaden zu vermeiden. Er ergibt sich direkt durch den »Dieb« oder indirekt durch Nachahmer, die glauben, sie könnten ihrerseits Waren entwenden. Die Bestrafung desjenigen folgt dann einer ökonomischen Logik der Schadensbegrenzung. Ihn anzuzeigen kann als Abschreckung gelten. Ist sie ökonomisch sinnlos, wird sie unterbleiben.

Es gibt aber auch andere Interventionsstrategien. Man könnte z.B. sagen, Ladendiebstahl sei an sich wenig gravierend und eine Anzeige könne für den Betreffenden oder eine überlastete Justiz unverhältnismäßig negative Konsequenzen mit sich bringen. Man würde Indifferenz oder Schadensregulierung statt anderer Interventionen befürworten. Handelt es sich z.B. um einen jugendlichen Täter, dann können soziale Trainingskurse oder pädagogische Interventionen angestrebt werden. Es wäre aber auch eine Argumentation denkbar, derzufolge harte Sanktionierungen nicht primär aufgrund ökonomischer Motive, sondern aus Sorge um die moralische Integration der Gesellschaft bejaht werden. Diebstahl wäre damit ein Symbol für bedeutsame Missstände der Gesellschaft. An dem Beispiel sieht man, dass es nicht in der Natur eines Problems liegt, wie auf es reagiert wird. Bei Diebstahl gibt es divergente Möglichkeiten, mit ihm umzugehen, und es ist eine Frage der Aushandlung, wie mit dem Output der Problemdefinition – dem »Fall« und dem »Täter« – verfahren wird.

Bei anderen Problemen besteht kein derartig großer Spielraum. Bei ihnen ist mit der Problemdefinition eine genaue Bestimmung der Art und Weise des als rational geltenden Umgangs strukturiert. Etwa der sexuelle Missbrauch von Minderjährigen wurde in den vergangenen Jahrzehnten sukzessive als drängendes soziales Problem definiert (vgl. Hörmann/Rapold 2004). Er wird derzeit v.a. punitiv beantwortet, d.h. es kommen in erster Linie auf Bestrafung ausgerichtete Interventionen in Frage, wenn ein entsprechender »Fall« wahrgenommen wird. Zwar treten zuweilen Uneinigkeiten darüber auf, ob der gegebene Strafrahmen ausreicht oder zu verändern ist, aber es besteht über das Prinzip einer primär punitiven Interventionslogik weitgehende Einigkeit. An sich wären allerdings andere Interventionsformen denkbar, etwa psychologisch-therapeutische, falls missbrauchende Personen in erster Linie als krank und nicht als bestrafungswürdig interpretiert würden. Theoretisch könnte auch strukturellen Gegenmaßnahmen größere Bedeutung eingeräumt werden, als dies derzeit geschieht. Am Beginn der Problemkonjunktur der jüngeren Vergangenheit war dies beabsichtigt. Als Mitte der 1980er-Jahre sexueller Missbrauch von der Frauenbewegung in der breiteren Öffentlichkeit thematisiert wurde, wurde er mit Deutungsmustern assoziiert, die auf gesellschaftliche Hintergründe des Problems hinwiesen, beispielsweise eine patriarchale Sozialstruktur und allgemeine und berufsbezogene Benachteiligungen von Frauen und Mädchen (vgl. Schetsche 1996, S. 144ff.). Auf parteipolitischer Ebene wurde dies nur sehr partiell geteilt. Als das Problem zu Beginn der 1990er-Jahre nach einer erfolgeichen öffentlichen Problemkarriere kulturell anerkannt wurde, folgten alle Fraktionen der Problematisierung, ausgespart wurden allerdings die Hinweise auf strukturelle Hintergründe. Von der ursprünglichen Problemdefinition »sind bis Ende 1995 vom Gesetzgeber ausschließlich die (...) Punkte aufgegriffen worden, die sich auf *Verschärfungen des Strafrechts* beziehen« (Schetsche 1996, S. 146). Bislang ergab sich keine Änderung an dieser primär punitiven Orientierung, so dass die Problemwahrnehmung gegenwärtig entsprechend eindeutig verankert ist.

Vergleicht man die beiden Probleme Diebstahl und sexueller Missbrauch, so werden unterschiedliche Spielräume plausibler Interventionsformen sichtbar. Am Beispiel des Missbrauchs ist besonders deutlich zu bemerken, dass bei der Formulierung und Anerkennung eines Problems bestimmte Interventionen als Möglichkeiten mitdefiniert werden. Soziale Probleme werden unter Bezugnahme auf spezifische Werte und Interessen konstituiert und dabei werden Optionsräume legitimer Interventionen ausgehandelt. Missbrauch wurde in erster Linie als das triebhafte und rücksichtslose Ausleben sexueller Bedürfnisse durch eine Einzelperson interpretiert. Dem steht ein wehrloses Opfer gegenüber, das schlimmste Konsequenzen der Handlungen erleiden muss; Strafen wurden dadurch in der öffentlichen Thematisierung nahe gelegt (vgl. hierzu Rapold 2002, S. 354ff.).

Missbrauch gilt als schwerwiegender als Diebstahl, ist mit höheren Strafandrohungen bedacht und wird insgesamt anders wahrgenommen. Missbrauch wird als pathologische Erscheinung interpretiert, Diebstahl eher als subjektiv rationales Verhalten. Die Bestrafung missbrauchender Personen steht weitgehend außer Frage, während sie zumindest bei leichten Formen von Diebstahl umstritten ist. Beispielsweise räumt der Gesetzgeber bei der Entwendung nur »geringwertiger Sachen« nach § 248a StGB eine Ahndung nur auf Anfrage ein. Beiden Phänomenen ist dennoch eines gemeinsam: Es handelt sich um Kriminalität. Sie kann in den Worten Albrechts (2001) als »Masterproblem« bezeichnet werden, das verschiedene »Unterprobleme« besitzt. Sie weisen jeweils eigenständige Problematisierungskarrieren auf und sind mit spezifischen einzelnen Bewertungen verbunden. Das Masterproblem Kriminalität ist in hohem Maße teilbar und die Definition untergeordneter Probleme ist relativ flexibel, da sie unterschiedlich erklärt werden können (vgl. Nedelmann 1986, S. 21). Deshalb muss selbst bei Kriminalität nicht immer Strafe angezeigt erscheinen, wie dies etwa bei der Tolerierung leichter Formen von Diebstahl deutlich wird.

Wird über mögliche Interventionen gegen soziale Probleme diskutiert, dann kommen Vorstellungen über ihre Ursachen zum Tragen. Nach Nedelmann (1986, S. 22) kann v.a. bei sehr stark teilbaren Problemen durch eine »Verwissenschaftlichung« entschieden werden, welcher Umgang mit ihnen angezeigt ist. Wissenschaftliche Theorien entscheiden dann über die »Rationalität« von Gegenmaßnahmen bei Devianz. Devianztheorien können in diesem Sinne auf breite Resonanz stoßen, indem sie zwischen strittigen Möglichkeiten vermitteln und Entscheidungshilfen leisten (sollen).

Diese Qualität kann sich bei in starkem Maße teilbaren Problemen mehr entfalten als bei wenig teilbaren Problemen. Es ist zu erwarten, dass Theorien, die etwa bei sexuellem Missbrauch andere als punitive oder punitiv-psychiatrische Interventionen nahe legen, kaum auf öffentliches und politisches Gehör stoßen. Bei weniger deutlich festgelegten Problemen wie Diebstahl, Drogenkonsum, jugendlichem Rechtsextremismus und anderen können Theorien hingegen überzeugend jeweils unterschiedliche Interventionen akzeptabel machen. Hier kann auch ein Bedürfnis seitens der Politik bestehen, mehr über eine problematische Erscheinung zu erfahren, um gegen sie vorgehen zu können. Es kommt zur Nachfrage von

Expertenwissen (vgl. Weingart 2003, S. 89ff.). Angesichts der Vielzahl widerstreitender und z.T. unvereinbarer sozialwissenschaftlicher Theorien, die abweichendes Verhalten erklären, zeigt sich damit eine prekäre Aufgabe. Durch öffentlich vertretene Devianztheorien wird die alltägliche Wahrnehmung sozialer Probleme beeinflusst und es werden öffentliche Mittel für Präventions- und Interventionszwecke eingesetzt[1].

Daneben folgen Theorien über Abweichungen auch von sich aus, wie oben angemerkt, bestimmten Problematisierungsmoden. Sie passen gleichsam »gut in ihre Zeit, d.h. sie entsprechen sowohl umfassenderen ideologisch weltanschaulichen Systemen wie aber auch damit verbundenen sozialen Bewegungen und allgemein als problematisch empfundenen Situationen« (Quensel 1986, S. 13). Es gibt somit allgemein plausible Arten Probleme zu konzipieren, die sich in wissenschaftlichen Theorien wieder finden. Selbst wenn diese den verbreiteten kulturellen Problemdefinitionen nicht folgen müssen, sondern ihnen gegenüber Gestaltungs- und Kritikpotential besitzen, sind sie durch sie geprägt.

Giesen (1983, S. 237ff.) benennt vier Thematisierungsmodelle sozialer Probleme, die jeweils unterschiedliche Problemerklärungen und -bearbeitungen nahe legen:

- Die *magische* Thematisierung von Devianz: Abweichungen werden einer der Gesellschaft externen Kraft zugeschrieben, die willentlich Störungen hervorruft. Verschwörungs- und Sündenbocktheorien zeigen zeitgenössische Varianten dieser relativ alten Thesen. Ihnen gemäß erfolgt Problembearbeitung am Besten durch Rituale der Reinigung und des Schutzes einer eng begrenzten Gemeinschaft.
- Die *moralische* Thematisierung: Störungsursachen werden in der Gesellschaft selbst vermutet. Die Laster, Sünden oder Schuld eines Mitgliedes der Gesellschaft führt zu Problemen, die durch

1 Am Beispiel von Rechtsextremismus zeigte sich die Prekarität in den letzten Jahren nachdrücklich. Von der Politik wurden Desintegrationstheorien als plausibel angenommen und in Interventionskampagnen übersetzt, obwohl die Theorien wissenschaftsintern sukzessive stärkerer Kritik ausgesetzt waren (vgl. Tonn 1998; s. Kap. 5.2).

spezialisierte Akteure bearbeitet werden. Waren dies früher Priester, so handelt es sich gegenwärtig v.a. um Polizei und Strafjustiz, die einen verletzten moralischen Kern der Gesellschaft durch restriktive Mittel wiederherzustellen suchen.

- Die *medizinisch-psychiatrische* Thematisierung: Devianz wird Einzelnen, aber nicht ihren moralischen Qualitäten zugeschrieben. Die Betreffenden scheinen durch ihre Natur zu Auffälligkeiten bestimmt. Eine Bearbeitung erfolgt durch berufliche Spezialisten wie Ärzte oder (andere) Therapeuten. Erfolgt durch sie eine kompetente Behandlung, dann können die Abweichenden in die Gesellschaft zurückgeführt werden.
- Die *sozialwissenschaftliche* Thematisierung: Probleme werden durch Störungen des gesellschaftlichen Lebens erklärt. Sie beschränken die Möglichkeiten autonomer Lebensführung und bedürfen v.a. sozialpolitischer Interventionen. Da betroffene Personenkreise ihre deprivierte Lage nicht lösen können, sind zudem evtl. (sozial-)pädagogische und psychotherapeutische Bearbeitungsstrategien nötig.

Die Tendenzen der Wahrnehmung sozialer Probleme sind verbunden mit Thesen, die abweichendes Verhalten erklären, und sie legen zudem Bearbeitungsstrategien nahe. Für gegenwärtig vertretene Theorien abweichenden Verhaltens besitzen die dargestellten Thematisierungen allerdings nicht gleichwertige Relevanz. Da es hier um sozialwissenschaftliche Theorien geht, ist die sozialwissenschaftliche Thematisierungsform maßgeblich. Die in den folgenden Kapiteln beschriebenen Theorien zeigen, wie unterschiedlich einzelne Theorien innerhalb dieses Rahmens argumentieren. Eine konturscharfe Abgrenzung von moralischen und medizinisch-psychiatrischer Thematisierung ergibt sich nicht. Auch sozialwissenschaftliche Theorien argumentieren z.T. mit moralischen Positionen und verweisen auf Pathologien von Einzelpersonen. Zudem werden durch sozialwissenschaftliche Theorien nicht nur pädagogische, psychotherapeutische oder sozialpolitische Interventionen plausibel gemacht. Etwa eine punitive Bearbeitung von Problemen kann ebenso gefordert werden wie eine ökonomische oder andere (s. Kap. 6.2).

Dabei sollte von Bearbeitungen im Sinne von Lösungsintentionen gesprochen werden, denn eine tatsächliche Lösung wurde bei den gravierendsten Problemen der Gegenwart nicht erreicht und sie scheint in absehbarer Zeit kaum erreichbar. Arbeitslosigkeit, Armut, Krankheit, Alter oder anderes können nicht vollständig gelöst werden. Zudem ergeben sich angesichts der Komplexität moderner Gesellschaften aus der Bearbeitung einzelner Probleme Folgeprobleme (vgl. Groenemeyer 2001a, S. 1707).

Die Bearbeitung von Problemen kann zur bloßen symbolischen Selbstdarstellung von Akteuren werden, während konkrete Lösungsversuche von sekundärer Bedeutung sind. In diese Richtung weist ein von Giesen noch nicht bedachter Modus der Problemthematisierung, der als *Risikomanagement* bezeichnet wird. Er hebt sich von Vorstellungen ab, die auf sozialpolitische und rehabilitationsorientierte Maßnahmen ausgerichtet sind. An ihre Stelle tritt der Versuch, als Risiko für die gesellschaftliche Sicherheit diagnostizierte Problemlagen möglichst präventiv zu regulieren ohne noch zwingend auf explizit moralische, persönlichkeitsverändernde oder re-integrative Strategien zu vertrauen (vgl. Groenemeyer 2001b, S. 161ff.). Man geht nicht davon aus, Erscheinungen wie z.B. Kriminalität seien eine ganz zu verhindernde Störung des sozialen Lebens. Kriminalität bleibt zwar etwas Unerwünschtes, aber in »high-crime societies« (Garland 2001) kann es plausibel sein, sie als Normalität zu bestimmen und rational zu regulieren. Sie wird als Tatsache akzeptiert, die nicht vollständig gelöst werden kann. Im Gegenzug wird es zur Maxime der Problembearbeitung, mit objektiv-statistisch definierten Risikolagen umzugehen und sie zu »managen« (vgl. Schmidt-Semisch 2002, S. 84ff.).

Die Diskussionen um die Intention des Risikomanagements illustrieren die Dynamik des Umgangs mit sozialen Problemen. Selbst etablierte Probleme wie Kriminalität und ihre jeweiligen Erscheinungsformen können nach vorherrschenden Interpretationsrichtungen immer auch anders als zuvor bearbeitet werden. Damit kommen jeweils unterschiedliche Theorien abweichenden Verhaltens in Betracht, denn ohne ein Mindestmaß an Kausalitätsunterstellungen kommen Problem- und Lösungsdarstellungen nicht aus. Beim Risikomanagement etwa wird häufig das Menschbild eines

»homo oeconomicus« unterstellt (vgl. Schmidt-Semisch 2002, S. 97). Man geht davon aus, Menschen handelten prinzipiell rational und suchten Vorteile für sich zu optimieren, während sie Nachteile zu reduzieren suchen. Dieser Logik folgend kann eine im öffentlichen Raum aufgestellte Videokamera dazu dienen, potentiellen Dieben zu signalisieren, es herrsche ein hohes Maß an Kontrolle. Wird die Kamera wahrgenommen, so verzichtet der Betreffende – im theoretischen Idealfall – darauf, einen Diebstahl zu begehen, wenigstens an dem Ort, der von der Kamera überwacht wird. Es wäre irrational von ihm, eine hohe Entdeckungswahrscheinlichkeit in Kauf zu nehmen. Derartige Ursachenkonstruktionen sind nicht nur kulturell verbreitet und politisch akzeptiert, sie werden auch in Devianztheorien in so genannten Rational-Choice-Modellen vertreten (s. Kap. 3.2).

Theorien konkurrieren allerdings und auch die Annahmen des Rational-Choice-Ansatzes sind umstritten. Er verfolgt mit dem homo oeconomicus ein Menschenbild, dem andere Theorien widersprechen. Stresstheorien z.B. nehmen an, Devianz sei eine mögliche Folge von und Anpassungsreaktion an Überforderung (s. Kap. 3.4). Eine rationale Wahl von Handlungsstrategien kann in akuten Stresszuständen nicht erfolgen, so dass die beiden Theorieströmungen Normabweichungen widersprüchlich begründen und divergente Lösungsvorschläge mit sich führen, um sie zu verhindern. Dies zeigt, dass Devianztheorien durch vorherrschende Moden von Problemerklärungen nicht vorherbestimmt sind. Sie besitzen ihnen gegenüber Spielraum für eigenständige Reflexionen.

2.2.3 Soziale Probleme und ihre Kontrolle

Es wurde bislang erörtert, was soziale Probleme sind und wie sie in mehrstufigen Prozessen definiert werden. Da die Probleme mit Interventionsforderungen verbunden sind, ist nun der Aspekt der sozialen Kontrolle zu ergänzen[1]. Gesellschaftliche Institutionen sind

1 »Kontrolle« basiert auf der »gezielt intendierten Beobachtung auf eine eventuelle Differenz von Soll- und Ist-Wert« (Nogala 2000, S. 126). Ange-

mit der Kontrolle von Problemen mehr oder weniger stark beauftragt. In Anlehnung an Albert K. Cohen leistet Grohall (2004, S. 176ff.) eine Typisierung von Formen sozialer Kontrolle, die mit Blick auf einzelne problembearbeitende Institutionen anschlussfähig ist. Er unterscheidet offene (manifeste) und verdeckte (latente) soziale Kontrolle. Zudem differenziert er eine eher diffuse Kontrollfunktion, die nebensächlich erfolgt, und eine spezifische, die unmittelbare soziale Kontrolle intendiert. Daraus ergeben sich vier Typen, die wie folgt zu beschreiben sind:

1. *Latent-diffuse Kontrolle*: Auch in alltäglichen sozialen Beziehungen wird soziale Kontrolle ausgeübt, allerdings steht sie in der Regel nicht an erster Stelle. Man registriert z.B., ob man gegrüßt wird oder nicht. Wird die Erwartung enttäuscht, folgen meist keine dramatischen Sanktionen. Wo immer Menschen interagieren und soziale Ordnung besteht, tritt diese Kontrollform auf.
2. *Manifest-diffuse Kontrolle*: Die Kontrolle ist mit sozialen Rollen verbunden, die nicht primär Kontrollfunktionen ausüben sollen. Zu denken ist etwa an Eltern oder Kollegen. Die von ihnen realisierte Kontrolle erfolgt offen, aber relativ unspezifisch.
3. *Latent-spezifische Kontrolle*: Kontrolle steht in Verbindung mit sozialen Rollen, die nicht in erster Linie Kontrolle ausüben sollen. Soziale Kontrolle ist dennoch ein wesentliches Element dieser Rollen, ohne das sie keinen Sinn machen würden. Etwa die Funktion von Lehrern oder Sozialpädagogen ist nicht primär die der sozialen Kontrolle. Um zu erziehen oder Hilfe anzubieten, müssen sie allerdings immer auch Kontrolle ausüben.
4. *Manifest-spezifische Kontrolle*: Der Rollenauftrag ist vorrangig der der Ausübung sozialer Kontrolle. Bereits die Anwesenheit beispielsweise eines Polizisten signalisiert Kontrollfunktionen.

wendet auf Problemdefinierer heißt dies, es erfolgt durch sie soziale Kontrolle, da sie behaupten, wichtige Werte einer Sozialität seien durch einen Sachverhalt missachtet und bedürften der Wiederherstellung. In der Folge kommen präventive ebenso wie reaktive Interventionen in Betracht. Der Begriff »soziale Kontrolle« ist dabei den zuvor beschriebenen der »Bearbeitung« oder »Lösung« von Problemen logisch übergeordnet.

Er kann sanktionieren und negative Stigmatisierungsprozesse einleiten, in denen die formelle Zuschreibung devianten Verhaltens erfolgt.

Mit dieser Typisierung zeigt sich die Komplexität von sozialer Kontrolle. Personen und Institutionen sind auf unterschiedliche Weise mit ihr verwoben. Sie ist allgegenwärtig und erfolgt auf sehr unterschiedliche Art (vgl. S. Cohen 1993; s. Kap. 6.2).

Dabei ist zu bedenken, dass kontrollierende Institutionen stets eigene Interessen aufweisen. Sie verändern Problemkonstruktionen in ihrem Sinne und geraten bei der Problembearbeitung in Konflikte mit anderen Einrichtungen und Deutungsweisen. Dies wird im Folgenden an zwei Beispielen – Schulverweigerung und Drogenkonsum – beschrieben. Da die beiden Phänomene jeweils komplex sind, handelt es sich um Andeutungen, die die Vielschichtigkeit von sozialen Problemen und der auf sie bezogenen sozialen Kontrolle illustrieren.

a) Schulverweigerung

Gegen Ende der 1990er-Jahre wurde Schulverweigerung in Deutschland in steigendem Maße als Problem erkannt (z.B. Thimm 1998). Seit längerer Zeit sind auch Zusammenhänge zwischen massiver Schulverweigerung und der Delinquenz Heranwachsender bekannt. Eine umfangreiche, im Jahr 2000 durchgeführte Dunkelfelderhebung zu Gewalt und Kriminalität unter 13- bis 19-jährigen Schülern widmete sich diesem Thema (vgl. Wilmers et al. 2002, S. 287ff.). Sie fand Belege dafür, dass bestimmte Jugendliche zu massiver Schulverweigerung tendieren und gleichzeitig durch relativ hohe Delinquenz- und Gewaltneigung belastet sind[1]. Auch wenn Kau-

1 Häufige bzw. massive Schulschwänzer waren v.a. Jugendliche, in deren Herkunftsfamilie Arbeitslosigkeit auftrat, deren Eltern Sozialhilfe bezogen oder einen inkonsistenten Erziehungsstil zeigten, die mit innerfamilialer Gewalt konfrontiert waren und deren Eltern den Schulbesuch nicht stringent kontrollierten. Auch ein niedriger Bildungsstatus, Freunde, die das Fernbleiben von der Schule positiv wahrnahmen, sowie Schulangst erhöhten das Schwänzrisiko (vgl. Wilmers et al. 2002, S. 297ff.).

salitäten im Einzelnen schwierig zu bestimmen sind, wird in der Studie dafür plädiert, Schulverweigerung als Problem ernster zu nehmen als bislang, da sie im Kontext von jugendlicher Kriminalität und Gewalttätigkeit zu sehen sei. Man solle »eine konsequentere Kontrolle des Schulbesuchs und pädagogisch zielgerichtete Reaktionen auf Schulschwänzen« zeigen (Wilmers et al. 2002, S. 317).

Problemtheoretisch ausgedrückt wurde dadurch von dem Masterproblem »Kriminalität« aus der Versuch unternommen, Schulverweigerung als ein Unterproblem zu bestimmen. Aus kriminalpräventiver Sicht handelt es sich bei massivem Schulschwänzen um ein bisher eher latentes Problem, das stärkerer Aufmerksamkeit bedarf. Die Verhinderung von Kriminalität besitze hier einen wichtigen »Ansatzpunkt« (Wilmers et al. 2002, S. 329).

Diese These trifft auf zwei Schwierigkeiten: *Erstens* können repressive Interventionen nahe gelegt werden. Es kann beabsichtigt werden, Schüler per Zwang in die Schule zu bringen, um damit ihrer Verweigerungshaltung ein Ende zu bereiten. Bei einem oberflächlichen Blick auf die Befunde der Studie kann dies plausibel sein, wenn man ihr den simplifizierten – und in dieser Form so nicht dargestellten – Ursachenzusammenhang entnimmt, Schulverweigerung führe zu Kriminalität. Trotz der Hinweise auf die Komplexität des Themas kann die oben zitierte Forderung nach einer konsequenten Kontrolle des Schulbesuchs restriktive Interventionen angeraten erscheinen lassen. Im Rahmen der Strategien der Polizei von New York City, die im Zuge der Null-Toleranz-Politik auch kleine Ordnungsvergehen rigoros unterdrückte, wurde entsprechend auch gegen Schulschwänzer vorgegangen (vgl. Lüdemann/Ohlemacher 2002, S. 146; s. Kap. 4.3). Derartige Repressionen können das Schulklima ungünstig verändern, während bekannt ist, dass z.B. Gewalttätigkeit bei Schülern in negativem Zusammenhang mit einer positiven Atmosphäre in der Schule im Sinne einer förderlichen Lehr- und Lernumwelt steht (vgl. Tillmann et al. 1999). Durch den Versuch der Kriminalprävention können somit unintendierte und unerwünschte Nebenfolgen generiert werden, indem Devianz gleichsam über Umwege gefördert wird.

Zweitens würde eine Durchsetzung der kriminalpräventiven Problemdefinition die kulturelle Interpretation von Schulverweigerung verändern. Die Vielschichtigkeit des Phänomens, die bereits heute z.T. zugunsten einseitiger Schuldzuschreibungen an die betreffenden Schüler missachtet wird (vgl. Stamm 2006), würde damit verzerrt und schulische Erziehung unter dem Blickpunkt betrachtet, Kriminalität zu verhindern. Der latente Kontrollfokus der Schule würde in einen manifesten transformiert werden und dabei Kriminalitätsvermeidung zu einem besonders relevanten Aspekt werden. Dies stünde im Gegensatz zu pädagogischen Forderungen, Schulen nach ihrer Qualität als »Bildungs- und Erfahrungsraum« (Fend 1998, S. 259) wahrzunehmen und dabei die »ganzheitliche Persönlichkeitsentwicklung« (ebd., S. 265) in das Zentrum des Interesses zu stellen. Selbst wenn Schulen stets selektive und allokative Funktionen ausüben und sie dadurch an der Herstellung sozialer Ungleichheiten teil haben (z.B. Hammerich 1975), kontrastiert eine ordnungsstaatliche Aufgabenzuweisung die pädagogische Zielsetzung der Schule. So wird aus pädagogischer Sicht argumentiert, Normabweichungen seien stets Teil jugendlichen Lebens und der Entwicklung einer eigenständigen Identität (vgl. Hornstein 2001; Sturzenhecker 2000). Kriminalprävention erscheint damit höchstens als nebensächliche, aber nicht als vorrangige Aufgabe von Pädagogen.

Das Beispiel zeigt, welche unterschiedlichen Interessen mit Problematisierungen verbunden sind. Von pädagogischer Seite aus ist Schulverweigerung problematisch, weil sie die schulische Erziehungsleistung gefährdet. Konfligiert sie nicht mit ihr und mit der Möglichkeit positiver Persönlichkeitsentwicklung, so scheint das Fernbleiben von der Schule zumindest in begrenzten Ausmaßen tolerierbar. Von kriminalpolitischer und -präventiver Seite aus hingegen handelt es sich um einen zu minimierenden Risikomarker für spätere Delinquenz. Würde Schulverweigerung in einer Podiumsdiskussion von einem Lehrer, einem Kriminalbeamten und einem Schüler diskutiert, so erhielte man sehr wahrscheinlich drei unterschiedliche Sichtweisen mit jeweils verschiedenen Probleminterpretationen. Giesen (1983, S. 232) spricht von interessenspezifischen »Definitionskonkurrenzen« sozialer Probleme.

b) Drogenkonsum

Noch deutlicher wird die Variabilität der Betrachtung sozialer Probleme und ihrer Bearbeitungsmöglichkeiten, wenn man Drogenkonsum bedenkt. Hess und Scheerer (2004, S. 73) verweisen auf die Deutungsmöglichkeiten einer autonomen Entscheidung, einer Krankheit oder eines Verbrechens. Damit werden drei Typisierungen benannt, aus denen unterschiedliche Strategien des Umgangs und der Kontrolle resultieren. Derzeit werden alle drei Annahmen verfolgt, z.T. überlagern sie sich (vgl. Dollinger 2002).

Bei vielen Jugendlichen besitzt der Konsum von Cannabisprodukten den Status relativer Normalität. 31% der Heranwachsenden im Alter von 12 bis 25 Jahren haben Erfahrungen mit ihnen (vgl. Bundeszentrale für gesundheitliche Aufklärung 2004, S. 7), wobei die Mehrheit den Konsum von selbst nach wenigen Versuchen einstellt; nur 5% bezeichneten sich in dieser Studie der Bundeszentrale für gesundheitliche Aufklärung als aktuelle Drogenverwender. Da jugendlicher Drogenkonsum in aller Regel Cannabisverwendung bedeutet, wurde in den letzten Jahren immer stärker die These vertreten, es handle sich bei den meisten Fällen dieses Konsums um keine besonders gravierende Erscheinung. Allerdings ist dies umstritten. Hierauf verweisen die Interpretationen des Verbrechens und der Krankheit. Zuschreibungen von Normalität, Kriminalität und Pathologie konkurrieren, wenn es um Drogenkonsum geht:

- »*Normalität*«: Die Option der (relativen) Normalität wird derzeit u.a. in Präventionsmodellen verfolgt, die dem Ansatz der »Risikokompetenz« (Franzkowiak 1996) verpflichtet sind. In ihm wird der Konsum psychoaktiver Substanzen – unabhängig davon, ob es sich um legale oder um illegale handelt – dann als legitim erachtet, wenn eine Person in der Lage ist, die dem Konsum zugeschriebenen Risiken selbstverantwortlich zu tragen (vgl. Raithel 2004b). Vorausgesetzt wird bei der Risikokompetenz der homo oeconomicus als ein vernünftig handelndes Subjekt, das sich selbst rational einzuschätzen weiß und das bereit ist, angesichts eigener Schwächen auf den Konsum besonders risikobehafteter Substanzen zu verzichten.

- »*Kriminalität*«: Paradoxerweise folgen Problemzuschreibungen, die Drogenkonsum als kriminelles Handeln interpretieren, einem ähnlichen Menschenbild. Sie gehen davon aus, der Konsum erfolge intentional und bewusst. Dies entspricht dem »klassischen« strafrechtlichen Menschenbild, das sich vom homo oeconomicus nicht unterscheidet (vgl. Lemke 1997, S. 229). Rationale Entscheidungsfähigkeit und darauf aufbauende Selbstverantwortung gelten als Bedingung der Möglichkeit, Strafen auszusprechen, was im Falle eingeschränkter Schuldfähigkeit in Frage stünde. Trotz dieser Übereinstimmung zeigen sich aber Divergenzen. Aus der Maxime der Risikokompetenz wird die Forderung gewonnen, Menschen zu fördern und sie fähig zu machen, Risiken zu übernehmen. Dies ist bewusst gegen das Postulat formuliert, den Konsum einiger Substanzen primär aufgrund ihres Legalstatus zu verbieten. Die Maxime der Bestrafung hingegen ist nicht auf die Förderung von Kompetenzen ausgerichtet, sondern sie setzt eigenverantwortliche Entscheidungsfähigkeit voraus und beantwortet Normverletzungen mit Strafe. Es wird argumentiert, es seien von der Kriminalisierung des Drogenkonsums abschreckende, resozialisierende oder Konformität stabilisierende Effekte auf Einzelne oder die Gesamtheit zu erwarten. Der Konsum illegaler Drogen gilt hier als per se problematisches und bestrafungswürdiges Verhalten.
- »*Pathologie*«: Ein gänzlich anderes Menschenbild verfolgt die Annahme, Drogenkonsum sei, wenigstens in bestimmten Erscheinungsformen, eine Krankheit oder das Symptom einer Krankheit. Der Betreffende kann nicht rational handeln und ist zur Drogeneinnahme gezwungen (»craving«; vgl. Hurrelmann/Bründel 1997, S. 14). Einen homo oeconomicus gibt es demzufolge nicht. Der Konsument handelt angesichts möglicher oder bereits eingetretener Schädigungen irrational, wenn er Drogen zu sich nimmt. Auch der Gesetzgeber folgte z.T. dieser Annahme und ermöglichte nach den Vorschriften von §§ 35ff BtMG die Absehung von Strafen oder ihre Aussetzung zur Bewährung bei suchtmittelabhängigen Straftätern, die eine therapeutische Behandlung ihrer Krankheit unternehmen. Handelt es sich allerdings »nur« um Konsumenten, nicht um Abhängige,

dann kommen diese Optionen nicht in Betracht, da in § 35 (1) explizit die Voraussetzung einer »Betäubungsmittelabhängigkeit« genannt wird. Die Zuschreibungen der Pathologie und der Kriminalität sind folglich partiell vereinbar, wenn unterschiedliche Konsumqualitäten definiert werden: Willentlich handelnde Konsumenten können bestraft werden, während von ihnen zu unterscheidende Abhängige als krank und therapiebedürftig gelten.

Die drei Arten, Drogenkonsum zu interpretieren, widersprechen sich in zentralen Punkten. Sie gehen von einem unter bestimmten Voraussetzungen zu akzeptierenden Verhalten, einer Straftat oder einer Krankheit aus. Es zeigen sich unterschiedliche Menschenbilder und andere Theorien, die den Konsum erklären. Zwangsläufig folgen jeweils divergente Interventionen, die auf Tolerierung bzw. pädagogische Trainings, Bestrafung oder Therapie verweisen.

Einzelne Devianztheorien, die den Konsum von verschiedenen Blickwinkeln aus betrachten, unterscheiden sich dabei innerhalb der genannten Richtungen nochmals erheblich (z.B. Lettieri/Welz 1983; Petraitis et al. 1995). Deshalb kann mit Hess und Scheerer Drogenkonsum zurecht als Paradebeispiel für die Heterogenität der Erklärung von Devianz angesehen werden.

Zusammenfassung

Theorien abweichenden Verhaltens erklären vorrangig Sachverhalte, die als soziale Probleme gelten. Sie folgen damit kulturellen »Moden«, können sich aber auch reflexiv zu ihnen verhalten.

Ein Sachverhalt ist nicht an sich ein soziales Problem. Entgegen dem alltäglichen Anschein, manche Tatbestände des Lebens seien von Natur aus besonders problematisch, muss ein soziales Problem erst als solches definiert werden. Dies erfolgt in komplexen und oftmals konflikthaften Prozessen der Problemkonstruktion. Sie werden eingeleitet durch Interessensgruppen und soziale Bewegungen, die Definitionsmacht mobilisieren. In einem mehrstufigen Verlauf werden meist unter Beteiligung von Massenmedien Sachverhalte problematisiert, bis von staatlicher Seite aus eine Anerkennung der Problemdefinition erfolgt. Auf der Ebene der alltäglichen Kommunikation kommt es dabei zur Verankerung von Wissensformen und Deutungsmustern, die sich auf die Wahrnehmung des Problems beziehen.

Mit der Anerkennung eines Problems ist die Institutionalisierung seiner Bearbeitung durch Instanzen sozialer Kontrolle assoziiert. Sie leisten und überwachen Lösungsversuche, wobei es bei vielen Problem auf gesellschaftlicher Ebene eher zu einer Problemregulierung als zu einer Problemlösung kommt.

Durch die Art und Weise, wie ein Problem definiert wird, kommt es frühzeitig zu einer Vorstrukturierung von Interventionsmöglichkeiten. Häufig werden dabei vergleichsweise einfache Vorstellungen mitgeführt, warum ein Problem besteht und Normen verletzt werden. Theorien abweichenden Verhaltens ermöglichen eine Bewusstmachung der komplexen Ursachengefüge von Normabweichungen. Sie folgen allerdings nicht einer einheitlichen Sicht. Im Gegenteil argumentieren sie in spezifischen Zugängen mit verschiedenen Mitteln auf unterschiedlichen Ebenen des sozialen Lebens.

3. Das abweichende Individuum

3.1 Theorien des differentiellen Lernens

Eine Erklärungsrichtung abweichenden Verhaltens auf mikrosozialer Ebene stellen die Theorien des differentiellen Lernens dar. Diese Theorien basieren auf allgemeinen Lern- und Verhaltenstheorien. Grundannahme dieser Ansätze ist, dass abweichendes wie konformes Verhalten im Entwicklungsprozess erlernt wird. Mit »Lernen« ist ein Prozess gemeint, der aus Interaktionen mit anderen Personen resultiert, aus welchen sich das Individuum Verhaltenweisen aneignet. Neben den Interaktionspersonen kommt auch der Situation, in der Lernen stattfindet, eine bedeutende Rolle zu. »Differentiell« bedeutet hierbei die Unterscheidung zwischen den als konform vs. abweichend definierten Verhaltensweisen, Normen, Werten oder Haltungen. Mit der Betonung des prozesshaften Charakters der Entstehung von abweichendem Verhalten unterscheiden sich die lerntheoretischen Ansätze gegenüber sozialstrukturellen oder anthropologischen Theorien, denen ein statisches Modell zugrunde liegt.

Das Verhalten resultiert aus den vergangenen und gegenwärtigen Lebensumständen. Dies setzt eine Situation voraus, die von der Person entsprechend ihren bisher erworbenen Attitüden und Fähigkeiten in einer bestimmten Weise definiert wird. Eine kriminelle Handlung wird demnach begangen, wenn eine ihr günstige Situation vorliegt – wobei günstig im Sinne der Person zu verstehen ist.

3.1.1 Theorie der differentiellen Kontakte

Die einzelnen Modelle der lerntheoretischen Richtung unterscheiden sich darin, wie das Lernen resp. der Lernprozess konzipiert ist.

Besonders hervorzuheben ist die Theorie von Sutherland (1947), die die erste ihrer Art darstellt und auf die sich andere Theorien differentiellen Lernens beziehen.

Sutherland (1947; 1956; Sutherland/Cressey 1955) geht davon aus, dass abweichendes Verhalten und die Technik zum Ausführen dieses Verhaltens in Interaktionen mit Personen erlernt wird. Sutherland spricht von einer Theorie differentieller Kontakte, da Personen zwar Kontakte sowohl mit Personen mit abweichendem Verhalten als auch mit konformen Verhalten haben können, aber das abweichende Verhaltensmuster und entsprechende Einstellungen in diesem Falle überwiegend positiv bewerten. Differentielles Lernen bedeutet ein asymmetrischer soziokultureller Interaktionsprozess, der sich in eben diesen differentiellen Sozialkontakten abspielt. Dies geschieht im Falle des abweichenden Verhaltens insbesondere im Kontakt mit abweichenden bzw. delinquenten Sozialgruppen (s. Kap. 4).

Die Vermittlung entsprechender Verhaltensweisen muss allerdings nicht allein durch persönliche Kontakte erfolgen, wenngleich diese für die Übernahme entscheidend sind. Beim Erlernen abweichenden Verhaltens spielt es auch eine Rolle, wie früh eine Person in ihrem Leben derartige Kontakte hatte. Für die Ausübung abweichender Verhaltensweisen sind also biographische Erfahrungen (vgl. Raithel 2005) und die subjektive Bewertung aktueller, situativer Umstände verantwortlich. Wie eine aktuelle Situation bewertet wird, ist neben der Lebensgeschichte von Persönlichkeitsfaktoren, den sozialen Lebensverhältnissen und den Fähigkeiten bzw. Handlungskompetenzen abhängig.

Sutherland (1968, S. 396ff.) formulierte anhand von neun Thesen Ursachen und Prozesse, die zu kriminellem Verhalten führen. Vorausgesetzt ist dabei, dass eine subjektiv günstige Situation zur Deliktbegehung gegeben ist:

1. »Kriminelles *Verhalten ist gelerntes Verhalten.*« Dies heißt, dass kriminelles Verhalten als solches nicht vererbt wird; ebenso wenig kann sich eine Person ohne »kriminelles Training« kriminell verhalten. Kriminelles Verhalten erfordert also entsprechende Übung, da es nicht anlagebedingt ist.

2. »*Kriminelles* Verhalten *wird in Interaktionen mit anderen Personen in einem Kommunikationsprozess gelernt.*« Kommunikation ist hier in einem weiten Verständnis auch im Sinne einer nonverbalen und symbolischen Interaktion (»Kommunikation durch Gesten«) gemeint.
3. »Kriminelles Verhalten wird hauptsächlich in intimen persönlichen Gruppen gelernt.« Bei Jugendlichen sind die Peer-Group bzw. Clique besonders relevant, während »unpersönliche Kommunikationsmittel« wie Filme oder Zeitungen nach Sutherland eine relativ unwichtige Rolle spielen. Zu dieser These liegen allerdings mittlerweile konträre Befunde aus unterschiedlichen Studien vor.
4. »Das Erlernen kriminellen Verhaltens schließt das Lernen a) der Techniken zur Ausführung des Verbrechens, die manchmal sehr kompliziert, manchmal sehr einfach sind, b) die spezifische Richtung von Motiven, Trieben, Rationalisierungen und Attitüden ein.« In dieser These verbindet Sutherland explizit die Verhaltens- und Einstellungsdimension und verweist auf die Wichtigkeit beider Dimensionen.
5. »Die spezifische Richtung von Motiven und Trieben wird gelernt, indem Gesetze positiv oder negativ definiert werden.« In bestimmten Gesellschaften oder Milieus lebt ein Individuum nur mit Personen zusammen, die die Gesetze als Regeln betrachten, die zu befolgen sind. Hingegen gibt es auch Gesellschaften oder Milieus, in denen das Verhalten dieser Personen die Verletzung von Gesetzen begünstigt. In heutigen modernen westlichen Gesellschaften gibt es unterschiedliche Interpretationen und Bewertungen von Gesetzen, was zu unterschiedlichen Situationsdefinitionen führt.
6. »Eine Person wird delinquent in Folge eines Überwiegens der die Verletzung begünstigenden Einstellungen über jene, die Gesetzesverletzungen negativ beurteilen.« Dies ist das Prinzip der differentiellen Kontakte; der Kontakt entscheidet darüber, ob eine Person kriminell wird oder nicht. Es bezieht sich sowohl auf kriminelle als auch auf konforme Kontakte und betrifft daher das Aufeinandertreffen entgegengerichteter Interaktionen. Eine Person wird demnach kriminell, wenn sie Kontakte mit

kriminellen Verhaltensweisen hat und entsprechende Einstellungen zeigt. Jede Person passt sich in ihrem Verhalten an ihre soziale Umwelt an, wenn nicht andere Verhaltensmuster mit ihr in Konflikt stehen.

7. »Differentielle Kontakte variieren nach Häufigkeit, Dauer, Priorität und Intensität.« Dies bedeutet, dass sowohl Kontakte zu kriminellen als auch Kontakte zu antikriminellen Verhaltensweisen variieren. »Häufigkeit« und »Dauer« beziehen sich auf die Frequenz der Kontakte und umso höher diese Frequenz ist, desto wahrscheinlicher ist die Übernahme von deviantem Verhalten. »Priorität« meint, dass das in der frühen Kindheit entwickelte Verhalten das ganze Leben hindurch fortdauern kann. Dieser Faktor wird vor allem in Hinsicht der weiteren Steuerung selektiver Prozesse betont. »Intensität« hängt mit dem Prestige des Ursprungsortes eines kriminellen oder nichtkriminellen Verhaltensmusters und mit emotionalen Reaktionen auf die sozialen Kontakte zusammen.
8. »Der Prozess, in dem kriminelles Verhalten durch Kontakte mit kriminellen und antikriminellen Verhaltensmustern gelernt wird, umfasst alle Mechanismen, die bei jedem anderen Lernprozess auch beteiligt sind.« Kriminalität folgt aus Kontakten mit Kriminalität, was durch allgemeine Lernprinzipien zu erschließen ist.
9. »Obwohl kriminelles Verhalten ein Ausdruck genereller Bedürfnisse und Werte ist, wird es nicht durch diese generellen Bedürfnisse und Werte erklärt, da nicht-kriminelles Verhalten Ausdruck eben derselben Bedürfnisse und Werte ist.« Genauso wie Diebe im Allgemeinen stehlen, um sich Geld zu beschaffen, hat auch ein nichtdelinquenter Erwerbstätiger das Bedürfnis Geld zu erlangen. Das Geldbedürfnis alleine kann also noch nicht das delinquente Verhalten des Diebs erklären. Vielmehr benötigt man zur Erklärung von Kriminalität eine Theorie, die die Differenz von kriminellem und nicht-kriminellem Verhalten erschließt.

Selbstkritisch benennt Sutherland, dass differentielle Kontakte allein für die Ausübung krimineller Verhaltensweisen keine hinreichende Bedingung darstelle. Die Hypothesen von Sutherland hat Opp (1974, S. 156ff.) in Form der folgenden fünf Hypothesen präzisiert:

- Je häufiger eine Person Kontakte mit anderen Personen hat, die Gesetze verletzen, desto stärker überwiegen positive Bewertungen von Gesetzesverletzungen, desto häufiger ist die Kommunikation über Techniken, die Gesetzesverletzungen ermöglichen.
- Je früher im Leben einer Person kriminelle Kontakte auftreten, je stärker positive Bewertungen von Gesetzesverletzungen überwiegen, je stärker sich diese Person mit kriminellen Personen identifizieren, desto stärker akzeptiert diese Person auch abweichende Normen.
- Je häufiger eine Person mit anderen über kriminelle Techniken kommuniziert, die Gesetzesverletzungen ermöglichen, desto wirksamer werden diese kriminellen Techniken eingeschätzt.
- Je stärker die Bedürfnisse einer Person sind, je stärker diese Person abweichende Normen akzeptiert, je wirksamer kriminelle Techniken von der Person eingeschätzt werden, je mehr Möglichkeiten für Gesetzesverletzungen vorliegen, desto häufiger wird diese Person auch Gesetzesverletzungen begehen.
- Je häufiger eine Person Gesetzesverletzungen begeht, desto häufiger hat sie auch Kontakte zu anderen Personen, die ebenfalls Gesetze verletzen.

Mit der Theorie von Sutherland ist es allerdings nicht möglich zu erklären, warum eine Person diese und nicht beispielsweise andere Kontakte hat. Hier spielen u.a. das soziale Umfeld, aber auch Gelegenheitsbedingungen eine wesentliche Rolle. So wird in einem Wohnviertel mit hoher Delinquenzrate ein Jugendlicher sehr wahrscheinlich mit anderen Jugendlichen aus der Nachbarschaft in Kontakt kommen und von ihnen kriminelles Verhalten erlernen. In einem anderen Fall ist ein Jugendlicher Mitglied einer institutionalisierten Jugendgruppe und wird nicht in delinquentes Verhalten verwickelt. Allerdings sollte man sich hüten, einen Determinismus zu unterstellen, da soziale Variablen individuelles Verhalten nicht vorherbestimmen.

3.1.2 Weiterentwicklung der Sutherlandschen Theorie

Eine Weiterentwicklung bzw. Reformulierung der Sutherlandschen Theorie nahmen Glaser (1956) in der Theorie der differentiellen Identifikation, Sykes und Matza (1957) in der These der Neutralisierungstechniken, Cloward (1968; Cloward/Ohlin 1960) in der Theorie der differentiellen Gelegenheiten sowie Burgess und Akers (1966) in der Theorie der differentiellen Verstärkung vor.

Mit der Theorie der differentiellen Identifikation sieht Glaser (1956) eine Erweiterung der Theorie von Sutherland. Nach Glaser werden Personen delinquentes Verhalten um so eher ausführen, je mehr sie sich mit Personen identifizieren, aus deren Sicht kriminelle Handlungen positiv bewertet werden (Wiswede 1973, S. 36). Unter Identifikation wird die (freiwillige) Wahl eines anderen Menschen verstanden, von dessen Perspektive her das eigene Verhalten beobachtet wird (Glaser 1956, S. 440). Im Verlauf des Lebens findet eine Identifikation mit einer Vielzahl von kriminellen und nichtkriminellen Bezugspersonen und Bezugsgruppen statt. Massenmedien werden ausdrücklich einbezogen, diese blieben bei Sutherland unberücksichtigt. Das Prinzip der differentiellen Identifikation wird von Glaser (1956, S. 440) wie folgt formuliert: »Eine Person verhält sich in dem Ausmaß kriminell, wie sie sich mit tatsächlich lebenden oder vorgestellten Personen identifiziert, aus deren Sichtweise kriminelles Verhalten annehmbar erscheint«.

Die Theorie der differentiellen Identifikation erlaubt einen größeren Bereich kriminellen Handelns zu erklären, als das der Ansatz von Sutherland vermag, aufgrund

- der Ausweitung auf Identifikationsprozesse,
- der Einbeziehung des Bezugsgruppenkonzepts und
- der Interaktion mit sich selbst zum Zwecke der Rationalisierung der Entscheidung für kriminelle Vorbilder bzw. Bezugsgruppen.

Doch andererseits ist das Konzept von Glaser eingeschränkter als die Theorie Sutherlands, da Kontakte mit Verhaltensmustern eine umfassendere Kategorie abbilden als die Identifikation mit Personen.

Anhand von zwei Hypothesen lässt sich die Theorie der differentiellen Identifikation zusammenfassen:

1. Wenn es (z.B. in Subkulturen) Personen gibt, die abweichende Verhaltensweisen billigen oder gar normativ fordern und
2. wenn eine Identifikation mit solchen Personen (seien sie real oder nur vorgestellt) stattfindet,
3. dann verhalten die sich Identifizierenden kriminell.

Die Theorie der differentiellen Gelegenheiten von Cloward betont mit anomietheoretischen und subkulturtheoretischen Verbindungen die sozialstrukturspezifischen bzw. milieugebundenen Zugangschancen zu Devianz. In Übereinstimmung mit Merton wird Kriminalität als Lösung des meist unterschichtspezifischen Anpassungsproblems gesehen. In Fortführung des Anomiekonzepts weisen Cloward und Ohlin (vgl. Cloward 1968; Cloward/Ohlin 1960) darauf hin, dass Motivation und Druck zwar notwendige, aber keineswegs hinreichende Bedingungen für delinquentes Verhalten darstellen, denn der Einzelne muss darüber hinaus auch Zugang zu illegitimen Mitteln haben, soll er sich abweichend verhalten können. Unterschiedliche Sozialstrukturen bieten ungleiche Zugangschancen und somit Auswahlmöglichkeiten von Mitteln zur Erreichung hochbewerteter Ziele.

Um illegitime Mittel erfolgreich anwenden zu können, bedarf es einer Lernstruktur und der Struktur von Zugangschancen. Lernstruktur bedeutet, dass eine geeignete Umwelt für die Aneignung von Werten und Fertigkeiten zur Verfügung steht. Struktur von Zugangschancen meint, dass der Einzelne auch die Möglichkeit zur Praktizierung einer entsprechenden Verhaltensweise haben muss, d.h. es müssen Bedingungen existieren, die zur Teilnahme an kriminellen Aktivitäten ermutigen (vgl. Cloward 1968, S. 323). Subkulturen können dies leisten; zu unterscheiden seien kriminelle Subkulturen, Konfliktsubkulturen sowie drogenaffine Subkulturen des Rückzugs.

Nach Springer (1973, S. 15f.) kann die Theorie der differentiellen Gelegenheiten durch folgende Hypothesen repräsentiert werden:

1. Wenn Jugendliche der Unterklasse die konventionellen Ziele internalisiert haben und keinen Zugang zu legitimen Mitteln sehen,
2. wenn sie von der Bindung und dem Glauben an die Legitimität bestimmter (für sie relevanter) Teile der existierenden Mittelorganisation losgelöst sind,
3. wenn sie sich mit anderen, die in ihrer Nähe wohnen, auf der Suche nach einer Lösung ihrer Anpassungsprobleme verbinden,
4. wenn sie mit angemessenen Techniken zur Handhabung der Probleme von Schuld und Angst ausgestattet sind, die sich manchmal nach begangenen devianten Handlungen wieder einstellen,
5. wenn sie für die Möglichkeit gemeinsamer Problemlösung kein Hindernis sehen,
6. wenn sie Zugang zu illegitimen Mitteln haben,

dann entstehen delinquente Subkulturen.

Nach der Theorie der differentiellen Verstärkung von Burgess und Akers (1966) wird kriminelles Verhalten entsprechend den Prinzipien operanter Konditionierung gelernt. Macht ein Jugendlicher beispielsweise die Erfahrung, dass die Beteiligung an gewalttätigen Aktionen sein soziales Ansehen erhöht, so kann Gewalttätigkeit zu einem sekundären Verstärker werden. D.h. ein ursprünglich neutraler Stimulus wird durch gleichzeitige Präsentation eines primären Verstärkers selbst zu einem sekundären Verstärker. Durch differentielle Verstärkung lässt sich eine Stimulus- und Responsediskriminierung (Reiz und Reaktion) erreichen, das bedeutet es erfolgt eine bestimmte Reaktion nur beim Vorliegen gleicher oder ähnlicher Bedingungen. Bei der Theorie der differentiellen Verstärkung ist wesentlich, wodurch das delinquente Verhalten unterstützt und das Gefüge der »Verstärker« gestützt wird.

Die Neutralisierungstheorie von Sykes und Matza (1957) wird von einigen Autoren auch der Subkulturtheorie zugeordnet (s. Kap. 4.1), da die Entwicklung der Neutralisierungsthese aus der Kritik an der Subkulturtheorie entstand, doch nimmt das Erlernen der Neutralisierungstechniken einen hohen Stellenwert ein, weshalb sie unter den Lerntheorien geführt wird (vgl. Lamnek 1999). Auch hier wird davon ausgegangen, dass das Lernen von Verhaltensweisen differentiell erfolgt, wenn dies auch subkulturell spezifisch sein kann. Sykes und Matza (1957) gehen davon aus, dass die Täter zwar konforme Normen und Gesetze internalisiert haben, die das von ihnen praktizierte kriminelle Verhalten verbieten, aber die Funktion der Techniken erlaubt es ihnen, die deviante Tat sozusagen zu »neutralisieren«. Täter, die die konformen Normen der Gesellschaft dagegen nicht internalisiert haben, benötigen auch keine Techniken der Neutralisierung, um ihre Tat zu rechtfertigen. Nach der Neutralisierungstheorie besteht keine durchgängig positive Bewertung von Delinquenz, sondern die Delinquenten erleben häufig ein Gefühl von Schuld und Scham, da sie wenigstens teilweise die herrschende soziale Ordnung anerkennen.

Diese paradoxe Situation wird mit einer Reihe von Rechtfertigungsgründen »gelöst«. Die Techniken der Neutralisierung ermöglichen es, das herrschende normative System anzuerkennen und gleichzeitig auch die Normverletzung annehmbar zu machen. Hierdurch wird erlebte kognitive Dissonanz verringert. Diese Techniken werden durch Interaktionen gelernt und sind Vorbedingungen für abweichendes Verhalten. Sykes und Matza (1957) benennen fünf Neutralisierungstechniken: Ablehnung von Verantwortung, Verneinung des Unrechts, Ablehnung des Opfers, Verdammung der Verdammenden und Berufung auf höhere Instanzen. Die notwendige Stärke der Neutralisierungstechniken ist von dem Grad der Internalisierung von gesellschaftlichen Normen abhängig. Besteht eine starke Identifikation mit den allgemeinen Normen und Werten, sind die Neutralisierungstechniken besonders gefordert, um Gewissensbisse und Schuldgefühle aufgrund des abweichenden Verhaltens zu kompensieren. Diese Technik vermindert somit psychische Kosten.

Die Neutralisierungstechniken, die nur von Delinquenten, aber nicht vom Rechtssystem und der Mehrheit der Gesellschaft als gültig angesehen werden, können zum einen als Ursache für kriminelles Verhalten betrachtet werden. In diesem Fall handelt es sich also um eine Theorie, die die Entstehung kriminellen Verhaltens erklärt. Zum anderen können diese Techniken dem kriminellen Verhalten zeitlich folgen und schützen dadurch den Täter vor Gewissensbissen oder immunisieren ihn gegenüber der Kritik der sozialen Umwelt. In diesem Fall handelt es sich um eine Theorie, die die Entstehung bestimmter Ideologien aufgrund von Handlungen erklärt. Es ist möglich, dass Neutralisierungstechniken sowohl eine Ursache von Delinquenz darstellen als auch durch die Ausführung von Delikten noch weiter verstärkt werden, also eine Folge von Delikten darstellen (vgl. Lüdemann/Ohlemacher 2002).

Zusammenfassung

Die Theorien des differentiellen Lernens erklären das Auftreten von Devianz mit Hilfe von Lernprozessen. Abweichendes Verhalten wird durch Kontakte mit entsprechenden Verhaltensmustern und Einstellungen erlernt. Der bekannteste Ansatz dieser Theorierichtung ist der von Sutherland. Hiernach wird eine Person dann delinquent, wenn Einstellungen, die abweichendes Verhalten begünstigen, entgegenstehende negative Einstellungen überwiegen. Dies ist von der Häufigkeit, Dauer und Intensität der differentiellen Kontakte mit abweichendem oder konformem Verhalten abhängig. Neben der Theorie der differentiellen Kontakte sind vor allem die der differentiellen Verstärkung, differentiellen Gelegenheiten, differentiellen Identifikation und die der Neutralisierungstechniken zu nennen. Alle diese Theorien enthalten das Element des Lernens und geben jeweils differentielle Bedingungen für das Erlernen abweichenden Verhaltens an.

Unerklärt bleibt allerdings, wie unterschiedliche Reaktionsweisen auf gegebene Konstellationen konformen und abweichenden Verhaltens zustande kommen. Diese Lerntheorien sind noch zu eng einem behavioristischen S-R-Schema verhaftet und lassen Kognitionen wie auch Emotionen unberücksichtigt. In diesem Zusammenhang bleibt auch die individuelle Bedürfnisstruktur vernachlässigt. Die Theorie fragt weniger *warum*, als *wie* man kriminell wird. Es werden Bedingungen als unabhängige Variablen aufgezeigt, die relativ unhinterfragt und unspezifisch bleiben.

3.2 Rational-Choice-Modelle

Bei der Rational-Choice-Theorie (RCT) handelt es sich um eine entscheidungstheoretische Erwartungs-Wert-Konzeption (vgl. Heckhausen 1980), die in mikrosoziologischer Perspektive die sozialkognitive Seite handlungstheoretischer Erklärungsansätze betont. Kollektive Sachverhalte wie beispielsweise gruppenbezogene Abweichungen werden aus dem individuellen Handeln und dessen Folgen erklärt. Abweichendes Verhalten wird als Wahlhandeln verstanden, das hinsichtlich seiner konkreten Ausprägung von subjektiven Kosten-Nutzen-Überlegungen bestimmt ist. Es wird angenommen, dass Akteure stets diejenige von mehreren Handlungsoptionen ausführen, die den höchsten Nutzen verspricht. Auf individueller Ebene sind hierbei Motivlagen, die Wahrnehmung von Gelegenheiten und Restriktionen, Einstellungen und Erwartungen von großer Bedeutung für die Entstehung von Handlungsabsichten und der Ausführung der Handlungen selbst.

Diese vornehmlich sozialpsychologischen Modelle stehen in der Tradition von Lewin (1938; 1963), Rotter (1954), Edwards (1954), Tolman (1955) und Atkinson (1958). Zentrales Moment dieser Ansätze ist der von Tolman (1955) eingeführte »Expectancy«-Begriff, die erlernte Erwartung von Mittel-Zweck-Zusammenhängen. Danach stellt das Verhalten in einer bestimmten Situation eine Funktion des Wertes, den ein Individuum einem bestimmten Ziel beimisst, und der geschätzten Wahrscheinlichkeit, mit der dieses Ziel erreicht werden kann, dar. Die Anwendung des Erwartungs-Wert-Ansatzes auf Wahlentscheidungen geht vor allem auf Arbeiten von Edwards (1954) zurück. Unabhängig von objektiven Kontingenzen wird die subjektive Bedeutung des Wahrgenommenen in den Mittelpunkt gerückt. Kognitionen werden als die entscheidenden Verhaltensdeterminanten betrachtet; externe und interne Reize dienen als Informationsquelle und initiieren die entsprechenden Informationsverarbeitungsprozesse.

Der Ökonom Gary Becker (1968, S. 170) behauptete, eine nützliche Theorie kriminellen Verhaltens könne ohne spezielle biologische, psychologische oder soziologische Erklärungen auskommen und es müsse einfach nur eine ökonomische Analyse von Entscheidungsprozessen durchgeführt werden. Clarke und Cornish (1985) griffen dies als erste unter den Kriminologen auf und legten ein Kriminalitätskonzept vor, das auf der ökonomischen Analyse delinquenten Verhaltens basierte und Kriminalität als Resultat rationaler Wahlentscheidungen betrachtet. Die Autoren führten allerdings fort, dass ein rein ökonomisches Modell zu abstrakt und idealisiert sei, um für die empirische Sozialwissenschaft von großem Nutzen zu sein (vgl. Haan/Vos 2003). Erste Vorschläge für einen Einsatz in der kriminologischen Forschung kamen von Tuck und Riley (1986).

Einen modernen RC-Ansatz stellt die Theory of Planned Behavior (Theorie des geplanten Verhaltens) von Ajzen (1985; 1988; 1991; Ajzen/Madden 1986; Schifter/Ajzen 1985) dar, die eine Erweiterung der Theory of Reasoned Action (Theorie der Handlungsveranlassung bzw. Theorie des überlegten Handelns) (Fishbein/Ajzen 1975; Ajzen/ Fishbein 1980) ist. Wittenberg und Reinecke (2003) untersuchen anhand der Theorie des geplanten Verhaltens die Diebstahlkriminalität von Jugendlichen (vgl. auch Lüdemann 1998; zum aggressiven Verhalten rechtsextremer Jugendlicher: Neumann 2001).

Theory of Planned Behavior (TPB)

Die TPB von Ajzen (1985; 1988; 1991; Ajzen/Madden 1986; Schifter/Ajzen 1985) ist eine der meistzitierten sozialpsychologischen Theorien. Ihr Geltungsbereich beansprucht sowohl willentlich als auch nicht vollständig willentlich kontrollierte Verhaltensweisen. Die TPB zeichnet sich durch sparsame Annahmen aus und gilt für ein breites Spektrum verschiedener Verhaltensweisen (insbesondere im Bereich gesundheitsrelevanter Verhaltensweisen) als empirisch bewährt (vgl. Schlicht 2002).

Anknüpfend an die insgesamt eher unbefriedigenden Ergebnisse der traditionellen sozialpsychologischen Forschung zum Zusammenhang von Einstellungen und Verhalten, berücksichtigen Ajzen und Fishbein (1978) in der Theory of Reasoned Action neben dem zu erklärenden Verhalten und den dieses Verhalten betreffenden Einstellungen (attitudes) zusätzlich Handlungsabsichten (behavioral intentions) als zentrales Erklärungskonzept. Die Intention wird als unmittelbar erklärende Variable postuliert. Je stärker diese Intention ist, desto eher wird das Verhalten gezeigt. Handlungen von Individuen lassen sich demzufolge aus deren Handlungsabsichten erklären, diese wiederum durch die korrespondierenden Einstellungen der Handelnden. Als zweites grundlegendes Konzept werden subjektive Normen (subjective norms) berücksichtigt, die als die Wahrnehmung sozialer Unterstützung einer Handlungsalternative bzw. als wahrgenommener sozialer Druck entgegen einer Handlungsalternative zu verstehen sind. Diese Variante – die Theory of Reasoned Action – setzt voraus, dass der größte Teil des interessierenden Verhaltens unter willentlicher Kontrolle des Handelnden steht und dass dieser in einer gegebenen Situation eine spezifische Absicht hat oder bildet, die das der Absicht folgende Verhalten determiniert (vgl. Ajzen/Fishbein 1978, S. 406).

Um die Einschränkung der Theory of Reasoned Action auf Verhaltensweisen, die unter der willentlichen Kontrolle der handelnden Personen stehen, aufzuheben, wurde dem Modell ein weiteres theoretisches Konzept hinzugefügt: die wahrgenommene Verhaltenskontrolle (perceived behavioral control, vgl. Ajzen 1988, S. 1991). Die wahrgenommene Verhaltenskontrolle erfasst die Überzeugung einer Person, wie leicht bzw. wie schwierig ein Verhalten für sie auszuüben ist bzw. wie viele Ressourcen und Fertigkeiten sie zu haben glaubt, um das Verhalten zu zeigen. Je mehr Ressourcen Personen zu besitzen glauben, desto größer wird die wahrgenommene Kontrolle über das zu zeigende Verhalten sein. Eigene Erfahrungen können hier ebenso eine Rolle spielen wie Beobachtungen und Erfahrungen anderer Personen. Die wahrgenommene Verhaltenskontrolle wird neben Einstellung und subjektiver Norm als ein eigenständiges drittes Konstrukt aufgefasst, das auf die Handlungsabsichten wirkt.

Als unterste und zugleich spezifischste Ebene des Modells finden sich Überzeugungen (beliefs), die sich auf jedes der drei zentralen Erklärungskonzepte (Einstellung, Norm, Verhaltenskontrolle) beziehen können. Überzeugungen enthalten in Form von Erwartungen und Bewertungen sehr konkrete Facetten eines zu beobachtenden Verhaltens. Sie können Hinweise auf die Entstehung bzw. die Änderung der allgemeineren Konzepte Einstellung, subjektive Norm und wahrgenommene Verhaltenskontrolle geben.

Wie Abbildung 3 zu entnehmen ist, beeinflussen die drei Determinanten Einstellung, subjektive Norm und Kontrollierbarkeit die Intention und diese wiederum das Verhalten.

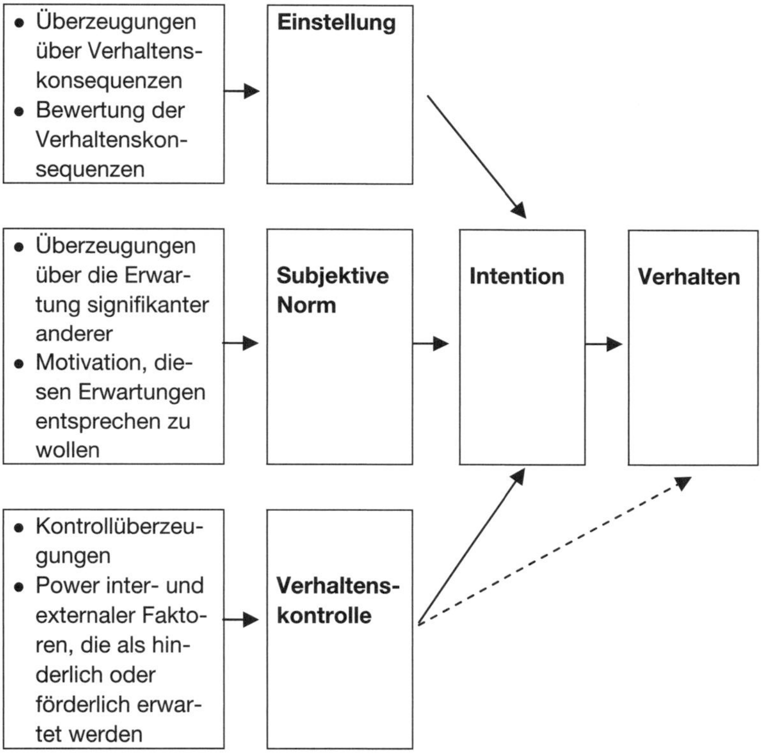

Abb. 3: ***Theorie des geplanten Verhaltens***
(nach Ajzen/Madden 1986, S. 458)

Das Modell enthält zwei Varianten, von denen die eine durch durchgehende Pfeile wiedergegeben ist. Die andere Variante besteht darin, dass Kontrollierbarkeit auch einen direkten Einfluss auf das Verhalten ausüben kann. Dies ist möglich, wenn sich in der Kontrollierbarkeit nicht nur die wahrgenommene, sondern auch die tatsächliche Kontrolle ausdrückt. Fehlen objektiv die Ressourcen oder Gelegenheiten, eine Handlung zu Ende zu bringen, dann bedeutet dies eine direkte Beziehung zwischen der realen Kontrolle und dem Verhalten; werden dagegen Ressourcen als fehlend interpretiert, dann wird die Person schon von vornherein keine Intention bilden, die sich ja doch nicht realisieren ließe.

Vergangenes Verhalten (past behavior) wird in der TPB eher als eine Residualgröße betrachtet. Eine eigenständige konzeptionelle Bedeutung des vergangenen Verhaltens im Sinne von z.B. Gewohnheit (habit) sieht zumindest Ajzen (2002) nicht. Vergangenes Verhalten kann – wie andere, im Sinne der Theorie ›externe‹, Variablen – eine moderierende Wirkung auf die genannten Konzepte ausüben, es bestimme jedoch nicht direkt das zukünftige Verhalten. Andere denkbare Erklärungsgrößen wie Alter, Geschlecht oder sozioökonomischer Status schlagen sich im Sinne der Theorie in unterschiedlichen Einstellungen, Normen und unterschiedlich wahrgenommener Verhaltenskontrolle nieder, üben jedoch keinen direkten, eigenständigen Effekt aus.

Folgt man den zentralen Annahmen der Theorie des geplanten Verhaltens, dass (soziales) Handeln zumindest zu wesentlichen Teilen absichtsgeleitet bzw. rational ist und dass zur Erklärung die genannten Konzepte ausreichend sind, ergeben sich für das Anwendungsbeispiel Ladendiebstahl folgende Hypothesen (Wittenberg/Reinecke 2003):

- Je positiver die Einstellung gegenüber einem Ladendiebstahl ist, desto größer ist die Absicht, einen Ladendiebstahl zu begehen.
- Je größer die subjektiv wahrgenommene Befürwortung bzw. Tolerierung eines Ladendiebstahls bzw. je geringer dessen Ablehnung im direkten, persönlichen Umfeld ausfällt, desto größer ist die Absicht, einen Ladendiebstahl zu begehen.
- Je größer die subjektiv wahrgenommene Fähigkeit, einen Ladendiebstahl zu begehen, bzw. je geringer die Schwierigkeit eines (unentdeckten) Ladendiebstahls ist, desto größer ist die Absicht, einen Ladendiebstahl zu begehen.
- Je größer die Absicht ist, einen Ladendiebstahl zu begehen, desto eher (bzw. häufiger) wird ein Ladendiebstahl begangen.

Wittenberg und Reinecke (2003, S. 222f.) kommen zu dem Ergebnis, dass je positiver die Einstellung gegenüber einem Ladendiebstahl, je geringer die allgemeine Orientierung an (Gesetzes-) Normen und je geringer das Entdeckungsrisiko ist, desto größer ist die Absicht, einen Ladendiebstahl zu begehen. Eine weitere wichtige Rolle spielt die Vergangenheit, sprich: wie häufig schon gestohlen wurde. Die Autoren stellen fest, dass Einstellungen und das vergangene Verhalten mit Abstand den deutlichsten Einfluss auf das aktuelle delinquente Verhalten ausüben; Normen spielen eine gewisse Rolle, während die Entdeckungswahrscheinlichkeit lediglich eine untergeordnete Bedeutung besitzt. Als bemerkenswerter Befund ist zu ergänzen, dass das Geschlecht in dem statistischen Erklärungsmodell keinen systematischen Einfluss auf den Ladendiebstahl ausübt – Anspruch der TPB ist es ja auch, Verhalten jenseits von Geschlechtlichkeit zu erklären.

Zusammenfassung

Grundlegend für die Modelle sind Annahmen über die Entwicklung von Persönlichkeit, die sich häufig an lerntheoretische Postulate anlehnen, im Wesentlichen aber die psychologischen Mechanismen der Entscheidung für oder gegen ein bestimmtes Verhalten thematisieren. Dabei werden entweder eher evaluative, emotionale oder rationale Komponenten bei der Erklärung abweichenden Verhaltens betont.

Soziale Kontexte und ihre spezifische Struktur werden hiermit nicht erfasst, sondern allenfalls als durch das Individuum interpretierte, extern einwirkende soziale Kräfte oder Bezugsgruppen einbezogen. Im Wesentlichen handelt es sich um die Thematisierung von innerpsychischen Mechanismen des individuellen Entscheidens. Abweichendes Verhalten erscheint so, von außen betrachtet, häufig als irrationales oder pathologisches Verhalten auf der Grundlage fehlender Informationen oder falscher Interpretationen, wobei die Präferenzen, die dem subjektiv rationalen Entscheiden zugrunde liegen, zumeist selbst nicht analysiert werden. Nahezu unberücksichtigt bleiben Sozialisationseinflüsse, da von einer impliziten Kalkulation ausgegangen wird. An Theorien der rationalen Wahl wird zudem kritisiert, menschliches Verhalten sei nicht nur nutzenorientiert (vgl. Haller 1999). Was unter Nutzen bzw. Rationalität verstanden wird, differiert z.T. erheblich (vgl. Lenk/Spinner 1989).

Kritisch innerhalb der Theorie des geplanten Verhaltens ist die Verbindung zwischen Intention und Verhalten, die zwischen der Umsetzung einer Absicht und tatsächlichem Handeln steht. Ist beispielsweise die beabsichtigte Handlung sehr neu, komplex oder schwierig, dann ist ein aufwendiger Planungsprozess notwendig, der über kognitive Einschätzungen der Mittel und Wege vorgenommen wird. Liegen dagegen Erfahrungen bezüglich der beabsichtigten Handlung vor, dann können die ausgesprochenen Intentionen leichter in Handlungen umgesetzt werden (vgl. Reinecke 1997, S. 51). Hier bedürfte es einer motivationspsychologischen Ergänzung (vgl. Heckhausen 1980).

3.3 General Theory of Crime – Die Selbstkontrolltheorie

Hirschis (1969) Theorie der Social Bonds wurde von Gottfredson und Hirschi (1990) zu der General Theory of Crime (GTOC) weiterentwickelt, mit der die Kriminalität in ihrer Ganzheit und nicht nur in Teilaspekten erfasst und erklärt werden soll. Ausgangspunkt ihrer Arbeit ist eine zum Teil heftige Kritik an der konventionellen »positivistischen« Theoriebildung, die jeweils zu stark den einzelnen Ursprungsdisziplinen verhaftet ist und deshalb keine dem Forschungsgegenstand adäquate Perspektive einnimmt (vgl. Lamnek 1997, S. 120). Gottfredson und Hirschi (1990) beanspruchen mit der GTOC verschiedenste Formen abweichenden und vor allem kriminellen Verhaltens anhand zweier Ursachen zu erklären. Im Zentrum der Theorie steht das Persönlichkeitsmerkmal der Selbstkontrolle und als weiterer Aspekt das Konzept der Gelegenheit. Kriminelles Verhaltens resultiert aus dem Zusammenwirken dieser beiden Größen und wird als Wahlhandeln konzeptualisiert, das von Akteuren in dem Bemühen ausgeführt wird, Nutzen zu maximieren (s. Kap. 3.2) (vgl. Gottfredson/Hirschi 1990, S. 85ff.).

Die Selbstkontrolle ist in der GTOC umschrieben, allerdings nicht explizit definiert (vgl. Lamnek 1997, S. 165). Noch unklarer verbleibt der nur angedeutete Gelegenheitsaspekt; zudem ist die Interaktion beider Dimensionen undeutlich (vgl. Seipel/Eifler 2004). Selbstkontrolle kommt in der Fähigkeit zum Ausdruck, auf unmittelbare, aufwandslose Befriedigung verzichten zu können. Mangelnde Selbstkontrolle ist demnach von einer starken Augenblicksorientierung und von der Unfähigkeit geprägt, die Zukunft angemessen in die Kosten-Nutzenkalkulation der Handelns einzubeziehen (vgl. Gottfredson/Hirschi 1990, S. 89f.). Mit dem Konzept der (geringen) Selbstkontrolle wird sowohl die Neigung von Personen, bei Handlungsentscheidungen systematisch kurzfristige positive Folgen ihres Handelns zu Grunde zu legen, als auch die Unfähigkeit von Personen, langfristige negative Folgen ihre Handelns zu berücksichtigen, bezeichnet. So wird angenommen, dass Personen mit geringer Selbstkontrolle dazu neigen, eine Vielzahl abweichender Verhaltensweisen zu praktizieren. Charakteristisch für Personen mit einer geringen Selbstkontrollfähigkeit ist eine starke Impulsivität, eine geringe Sorgfalt, Persistenz und Verlässlichkeit, eine starke Abenteuerlust, ein starkes Interesse an körperlicher Aktivität, eine geringe Frustrationstoleranz und eine starke Tendenz, selbstbezogen, indifferent gegenüber anderen und unsensibel zu sein.

Die Entwicklung der Selbstkontrolle wird aus dem Zusammenspiel von angeborenen Neigungen des Kindes und dessen Erziehung gesehen. Wenn sich Ansätze zu mangelnder Selbstkontrolle im Verhalten eines Kindes bemerkbar machen, kann dem entgegengewirkt werden. Hierbei steht die Erziehung im Vordergrund, da sie angeborene Schäden beheben könne. Da nach den Autoren angeborene mangelnde Selbstkontrolle durch Erziehung kompensiert werden kann, liegt also die Hauptursache für das Wirksamwerden der mangelnden Selbstkontrolle in der Sozialisation. Demnach könnte die Theorie der Selbstkontrolle auf allgemeinere sozialisationstheoretische Überlegungen reduziert werden, wobei von den Autoren die (elterliche) Beaufsichtigung von Kindern, das Erkennen von Devianz und dessen effektive Bestrafung zur Verhinderung künftigen Fehlverhaltens betont werden (vgl. Lamnek 1997, S. 152ff.).

Wenn auch viele kriminelle, deviante oder gefährliche Handlungen durch einen Mangel an Selbstkontrolle ermöglicht werden, so ist dieser Mangel jedoch noch kein hinreichender Grund für Delinquenz, sondern nach Gottfredson und Hirschi vielmehr eine notwendige Voraussetzung. So können situative Bedingungen und individuelle Eigenarten ihr entgegenwirken oder aber die Wahrscheinlichkeit der Ausübung kriminellen Verhaltens verstärken.

Mit dem Konzept der Gelegenheit wird der Umstand beschrieben, dass kriminelles Verhalten nur beim Vorliegen entsprechender Handlungsmöglichkeiten in einem bestimmten Raum-Zeit-Kontext ausgeübt wird. Im Sinne der GTOC ist ein motivierter Täter als eine Person mit geringer Selbstkontrolle aufzufassen; abweichendes Verhalten ist dann bei einer entsprechenden Tatgelegenheit wahrscheinlich. Wie nun das Verhältnis bzw. das Zusammenwirken von geringer Selbstkontrolle und Gelegenheit am Wahrscheinlichsten aussieht, führen Seipel und Eifler (2004) aus: Entsprechend dem sozialpsychologischen Konzept der Kohärenz (vgl. Magnussons

1978) im Gegensatz zur absoluten Konsistenz, in der sich eine Person ungeachtet der Situation immer gleich verhält, ändert sich das individuelle Verhalten von Situation zu Situation in gesetzmäßiger und teilweise individuumspezifischer Weise, ohne dabei absolut oder relativ stabil zu sein (vgl. auch Seipel 1999).

Zusammenfassung

Die GTOC wird auch als Selbstkontrolltheorie bezeichnet, womit bereits der inhaltliche Fokus des Erklärungsmodells benannt ist. Doch wird neben der Selbstkontrolle auch noch der Aspekt der Gelegenheit als Ursache von Kriminalität genannt. Die GTOC verfolgt einen hohen Anspruch, nämlich unterschiedlichste Formen delinquenten Verhaltens zu erklären.

Kritisch zu bewerten ist, dass geschlechtsspezifische Unterschiede in der Selbstkontrolle einseitig auf genetische Bedingungen zurückgeführt werden. Der Erziehung kommt alleinig der Schlüssel zur Lösung des Problems »Kriminalität« zu. Somit besteht die Gefahr einer eindimensionalen Schuldzuweisung gegenüber Familie und Schule. Zudem werden Kriminalitätsformen ausgeblendet, die auf langfristiger Planung und hoher Selbstkontrolle beruhen oder bei denen sich eine kriminelle Karriere in Interaktion mit der Außenwelt stabilisiert. Der Anspruch, mit dem die Theorie vorgetragen wird, ist deshalb überzogen. Die empirische Bewährung ist als »zweifelhaft« (Brusten 1999, S. 540) anzusehen.

3.4 Stresstheorien

Die wohl am weitesten verbreitete Stresstheorie ist das transaktionale Stressmodell von Lazarus (1966; sowie Lazarus/Launier 1981; Lazarus/Folkman 1984; 1987). Es handelt sich um einen psychologischen Ansatz, der auf der Mikroebene angesiedelt ist. Der stresstheoretischen Konzeption von Lazarus liegt das metatheoretische Modell der Transaktion zugrunde, womit Lazarus die Einseitigkeit reiz- und reaktionsorientierter Ansätze zu überwinden sucht, da diese zu einer Ausblendung psychischer Vermittlungsprozesse neigen. In der transaktionalen Stresskonzeption wird das gesamte Stressgeschehen und die vollständige Prozesssequenz von Stressoren, Stress, Stressreaktionen und Stressfolgen sowie die im Rahmen des Geschehens ablaufenden vielfältigen Rückwirkungen, wechselseitigen Interaktionen und Feedback-Schleifen einschließlich der subjektiven Wahrnehmungs- und Bewertungsprozesse erfasst. Stress wird dabei als ein transaktionaler Prozess verstanden[1], der Person-Umwelt-Beziehungen, kognitive Bewertungen und emotionale Reaktionen umfasst (Lazarus/Folkman 1987, S. 147).

Stress ist eine »Anpassungsreaktion des Organismus auf extern bedingte Notfälle« (Lazarus/Launier 1981); es wird hierunter jede innere oder äußere Anforderung, die die Anpassungsfähigkeit des Individuums auf der sozialen oder organischen Ebene beansprucht oder übersteigt, verstanden. Hauptvariablen in diesem Prozess sind Umweltbedingungen, psychische Vorgänge in der Person (vermittelnde Prozesse: primäre und sekundäre Bewertungsprozesse), kurzfristige Resultate (z.B. Gefühle) und langfristige Veränderungen (z.B. deviantes Verhalten) (s. Abb. 4).

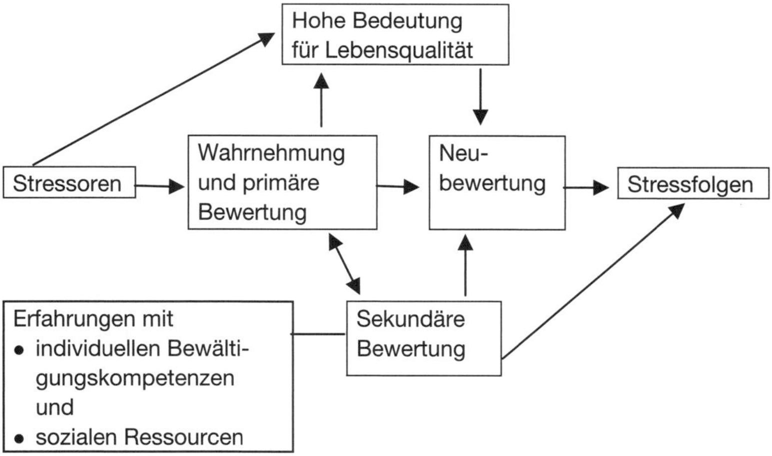

Abb. 4: ***Transaktionales Stressmodell*** *(nach Mansel 1995, S. 137)*

Stress hat nach Lazarus seinen Ausgangspunkt in nicht vorhandenen notwendigen oder als individuell nicht hinreichend einge-

1 Die Autoren ziehen den Begriff der Transaktion dem der Interaktion vor, weil er nach ihrer Auffassung besser das dynamische Zusammenspiel der Faktoren beschreibt, während der Begriff der Interaktion sich eher auf eine organische Einheit bezieht.

schätzten Kompetenzen bzw. Ressourcen, mit denen Anforderungen bewältigt werden könnten. Werden Belastungen (z.B. in Schule, Familie) nicht adäquat bewältigt, kann abweichendes Verhalten als Stressfolge resultieren (vgl. Mansel/Hurrelmann 1991). Ob allerdings eine Situation bzw. ein Ereignis als Stressor empfunden wird, hängt von der subjektiven Bewertung ab, welche in dem transaktionalen Stressmodell eine entscheidende Rolle spielt.

Stressoren

Als Stressoren können alle bio-psycho-sozialen Belastungen verstanden werden, die zu einer Verunsicherung, Bedrohung oder Überforderung beim Individuum führen (vgl. Pearlin 1987). Pearlin unterscheidet folgende Kategorien von Stressoren:

1) Kritische Lebensereignisse (Life Events):

Hiermit sind plötzliche bzw. abrupte Veränderungen der Lebensbedingungen gemeint (z.B. Tod eines Angehörigen, schwere Erkrankung, Umzug). Grundannahme der Life-Event-Forschung ist, dass jede Lebensveränderung eine Anpassung des Individuums an seine Umwelt erfordert. Folgender Zusammenhang wird angenommen: Je größer die Veränderung ausgeprägt ist, desto stärker ist auch die Belastung und die zu erwartende Belastungsfolge (vgl. Dohrenwend/Dohrenwend 1974; Katschnig 1980; Filipp 1995). Es muss jedoch nicht notwendigerweise die Veränderung per se belastungsverursachend sein, sondern auch deren Qualität ist entscheidend (vgl. Thoits 1983).

Unerwünschte, unerwartete oder unkontrollierbare Ereignisse gelten als besonders risikoreich. So lassen sich etwa der Tod eines Elternteils, eine ernsthafte Erkrankung, Scheidung der Eltern, Schulwechsel oder der Abbruch einer engen Freundschaftsbeziehung als jugendspezifische Life Events benennen. Erwartete bzw. antizipierte Veränderungen, die als bedrohlich oder überfordernd bewertet werden (in Bezug auf die Bewältigungsressourcen), implizieren ebenfalls ein Stress-Risiko (vgl. Lazarus/Launier 1981).

2) Chronische Belastungen (chronic strains):

Sie entstehen:

- aus den nicht unbedingt schwerwiegenden, aber dafür wiederholt auftretenden Unannehmlichkeiten des Alltags (daily hassles),
- aus sozioökonomischen Rahmenbedingungen und
- insbesondere im Kontext sozialer Rollen (role strains) (vgl. Pearlin/Liebermann 1979).

Vor dem Hintergrund jugendspezifischer Rollen (Schüler/in, Freund/in, Kind usw.) kommt dem schulischen Rollenkontext eine besondere Bedeutung zu, da er zum einen den Lebensalltag der Jugendlichen weitgehend determiniert und zum anderen, weil die erbrachten Leistungen als Moderator für den weiteren Verbleib im Ausbildungs- und Beschäftigungssystem und somit für die spätere Positionierung in der Gesellschaft wirken.

Dieser elementare Lebensbereich ist Nährboden für vielfältige stressverursachende Belastungskonstellationen, z.B. zu hohe Leistungsanforderungen, Schulleistungsschwierigkeiten und Schul-/Versagensängste. In den weiteren sozialen Lebensbereichen, wie Familie, Freundeskreis, Freizeit- und Konsumsektor, ergeben sich ebenfalls strukturelle Problem- und Belastungspotenziale, die in der Überschneidung aller Lebensbereiche in widersprüchlichen Rollenerwartungen kulminieren.

In der subjektiven Bewertung von Jugendlichen kommt den andauernden Belastungen im Vergleich zu kritischen Lebensereignissen eine größere Bedeutung zu (vgl. Lewis et al. 1984).

Die Schule als beispielhafter chronischer Stressor im Jugendalter:

Gewaltbegünstigende Faktoren im Rahmen der schulischen Sozialisation werden in den letzten Jahren, insbesondere auch im Zusammenhang mit Gewalt an der Schule, intensiv diskutiert (vgl. Heitmeyer et al. 1995; Holtappels et al. 1997; Tillmann et al. 1999; Fuchs/Lamnek/Luedtke 2001). Der Zusammenhang zwischen der Qualität der sozialökologischen Umwelt in der Schule und devianten, gewaltförmigen Bewältigungsmustern ist empirisch bereits vor allem seit der Schulklima-Studie von Fend (1977) belegt. In dieser Studie wurde vor allem der Einfluss hohen Anpassungsdrucks und negativer Sozialbeziehungen in der Schule auf abweichendes Verhalten nachgewiesen.

Innerhalb des schulischen Sozialisationskontextes ist zum einen die Lern- und Leistungssituation und zum anderen die soziale Situation mit den Lehrern (Lehrer-Schüler-Verhältnis) und Mitschülern zu betrachten (vgl. Holtappels 1993; Funk 1995; Mansel 2001). Insbesondere stehen die wahrgenommenen Belastungen durch schulische Leistungsanforderungen mit der Gewaltausübung in Zusammenhang. Ebenfalls spielt das wahrgenommene Gewaltpotenzial an der eigenen Schule eine maßgebliche Rolle. Darüber hinaus sind das Desinteresse am Unterricht, Schulverdrossenheit (Fend 1977), Langeweile (Holtappels 1987), schulische Versagens- und Misserfolgserlebnisse, die Wut auf die Lehrkräfte, die Unzufriedenheit mit den eigenen Schulleistungen oder eine Konkurrenzorientiertheit unter den Schülern gewaltbegünstigende Modalitäten (vgl. Funk/Passenberger 1997; Mansel 2001).

Die Studie von Dettenborn und Lautsch (1993) zeigt, dass die Schüler selbst vor allem Frustrationsreaktionen und das Streben nach Geltung und Anerkennung als Gewaltursachen sehen.

Die schulischen Sozialisationserfahrungen im Wechselwirkungsverhältnis zwischen der sozialen Situation (Lehrer-Schüler-Interaktion sowie Schüler-Schüler-Interaktion) und der Lern- und Leistungssituation führen allerdings seltener unmittelbar zu Gewalthandlungen Jugendlicher, sondern werden primär über die Gewaltbereitschaft vermittelt und schlagen sich nur indirekt in der Gewaltausübung nieder (vgl. Mansel 2001).

3) Schwierige Übergänge (Transitionen) im Lebenszyklus:

Hierunter lässt sich für das Jugendalter der Übergang von der Schule in den Beruf subsumieren.

Kognitive Bewertungen

Die kognitiven Einschätzungsprozesse bzw. Bewertungen (»cognitive appraisals«) beziehen sich zum einen auf die Bedeutung, die die Situation für das Wohlbefinden der Person hat (»primäre Bewertung«), und zum anderen auf die Bewältigungsressourcen, über die eine Person verfügt (»sekundäre Bewertung«) (Lazarus/Launier 1981; Lazarus/Folkman 1984; 1987).
Bei der primären Bewertung kann eine Person ein Ereignis entweder als

1. irrelevant,
2. günstig/positiv oder
3. stresshaft betrachten.

Wird ein Ereignis als irrelevant bewertet, so bleibt dieses ohne jede weitere Auswirkung für die Person. Wird ein Begebnis als günstig oder positiv eingeschätzt, so ist dies ein Zeichen für Sicherheit und eine angenehme Lage. Die stresshafte Bewertung eines Geschehens kann in drei Formen auftreten, als:

1. Schaden/Verlust (»harm/loss«), was sich auf eine bereits eingetretene Schädigung bezieht,
2. Bedrohung (»threat«), die eine antizipierte Schädigung oder einen antizipierten Verlust betrifft und bei der eine Person davon ausgeht, ein Problem nicht bewältigen zu können, und als
3. Herausforderung (»challenge«), die die eher positive Bewertung einer Transaktion betrifft, bei der also eine Person annimmt, dass sie in der Lage sein wird, die Herausforderung zu bewältigen.

Die mentale bzw. kognitive Überprüfung der Bewältigungsfähigkeiten und Bewältigungsmöglichkeiten bezeichnen Lazarus/ Launier (1981, S. 238ff.) als sekundäre Bewertung. Damit soll jedoch keine zeitliche Abfolge ausgedrückt werden, vielmehr beziehen sich die Bezeichnungen auf den jeweiligen Gegenstand, der bewertet wird. Der entscheidende Gesichtspunkt ist, dass sowohl die Gestaltung der Bewertungsmaßnahmen einer unter Stress stehenden Person als auch die Ausformung primärer Bewertungsprozesse von der sekundären Bewertung beeinflusst wird. Die Interdependenz primärer und sekundärer Bewertung konstituiert letztlich den (psychologischen) Stress.

Auf der Grundlage der Einschätzung der Bewältigungskapazitäten wird im Rahmen des Stressgeschehens die Situation und ihr Bedrohungsgehalt bzw. das Ausmaß der bereits erfolgten Schädigung neu interpretiert und bewertet (Neubewertung). Durch ständige Rückkopplungen und Umdefinitionen wird versucht, die Gefahr oder den Verlust zu umgehen, auszugleichen oder in der subjektiven Einschätzung zu minimieren.

Bewältigung

Differenziert stellt sich auch der Komplex der Bewältigung dar. Hier lassen sich verhaltensorientierte und intrapsychische Bewältigungsmodi sowie weitere Bewältigungsfunktionen und Bewältigungsformen unterscheiden. An Anlehnung an Piagets (1952) Unterscheidung zwischen Assimilation und Akkomodation differenziert Lazarus zwei Kategorien von Bewältigungsmodi: Zum einen die *Änderung der gestörten Transaktion* (instrumentell) und zum anderen die *Regulierung der Emotion* (Palliation).

1. Die Änderung der gestörten Transaktion kann auf die Umwelt, das Selbst oder auf beides gerichtet sein. Sie ist unabhängig davon, ob es sich um eine zukunftsbezogene oder gegenwärtige Schädigung, bzw. Verlust, oder um eine zukunftsbezogene Bedrohung oder Herausforderung handelt. Im Mittelpunkt steht hierbei, dass eine bei sich selbst oder in der Umwelt wahrgenommene Barriere zwischen dem Ist- und dem Soll-Zustand durch ein aktives und problemlösendes Herangehen an die Situation beseitigt wird.
2. Die Regulierung von Emotionen stellt aus drei Gründen einen wichtigen Aspekt der Bewältigung dar:
   a) Stressemotionen sind schmerzlich und quälend,
   b) Anpassungsprozesse können durch starke Emotionen aufgrund einer Ablenkung selektiver Aufmerksamkeit überlagert werden und

c) länger andauernder psychischer Stress führt zu einer chronischen physiologischen Mobilisierung und kann körperliche Erkrankungen zur Folge haben.

Als sowohl problem- wie emotionsbezogene Strategie der Stressbewältigung wird beispielsweise die Mobilisierung von Unterstützungsleistungen und Hilfestellungen aus sozialen Netzwerken benannt. Dem *Selbstwert* (Rosenberg 1965) und der *Selbstwirksamkeit* (Schwarzer 1993) kommen dabei eine hohe Bedeutung zu und sie interagieren mit abweichendem Verhalten (vgl. Raithel 2004a).

Neben den zwei Kategorien von Bewältigungsmodi können noch weitere Bewältigungsfunktionen in Betracht gezogen werden (vgl. Palentien 1997, S. 37ff.):

1. Die Erhaltung der eigenen Möglichkeiten bedeutet implizite Flexibilität, da es nicht immer möglich ist, die äußeren Bedingungen durch eigenes Handeln zu ändern, sich aus bestimmten Gegebenheiten zurückzuziehen oder aber diese zu ertragen.
2. Das Tolerieren oder Ertragen von affektivem Stress. Zu den zentralen psychischen Formen menschlichen Leidens zählt der affektive Stress (Distress), der in einigen Situationen nicht beeinflusst, sondern nur hingenommen werden kann. Ziel der Auseinandersetzung ist hier, handlungsfähig zu bleiben und den affektiven Stress auszuhalten.
3. Das Bewahren einer positiven Lebensmoral stellt eine weitere Form der wirksamen Bewältigung dar. Es geht hier um das Vermeiden einer Entmutigung durch beeinträchtigende oder bedrohende Lebensbedingungen und die Aufrechterhaltung einer positiven Lebenseinstellung trotz eines Verlustes oder einer Niederlage.

Für jede *Bewältigungsfunktion* bzw. jeden Bewältigungsmodus sind vier unterschiedliche Strategien bzw. Bewältigungsformen möglich:

a) *Informationssuche*: Die Informationssuche dient als Grundlage zur Veränderung einer Transaktion. Gleichzeitig kann sie aber auch eingesetzt werden, um eine Transaktion besser kontrollierbar erscheinen zu lassen oder um zu einer Neuinterpretation einer Transaktion zu gelangen.

b) *Direkte Aktion*: Die direkte Aktion kann sich sowohl auf die Person als auch auf die Umwelt beziehen. Ihr kommt die Funktion zu, eine vorangegangene Schädigung bzw. einen Verlust zu überwinden oder einer zukunftsorientierten Bedrohung auszuweichen.

c) *Aktionshemmung*: Sie stellt die aus einer komplexen sozialen und intrapsychischen Welt erwachsenen, tatsächlichen und moralischen Zwänge und Gefahren in Rechnung und führt zu einer Konformität mit den situativen und intrapsychischen Gegebenheiten.

d) *Intrapsychische Bewältigung*: Hierunter werden alle diejenigen kognitiven Prozesse subsumiert, die emotionale negative Zustände vermindern, in ihrer Qualität verändern oder eine vorangegangene Schädigung bzw. einen Verlust neu interpretieren. Sie kann sich ebenfalls auf eine zukünftige Schädigung oder Bedrohung beziehen (vgl. Lazarus/Launier 1981).

Welche Form der Bewältigung eine Person anwendet, hängt von zahlreichen Faktoren ab. Situations- und Umweltbedingungen sind hierbei genauso wichtige Größen wie der Grad der Ungewissheit, der Bedrohung oder der Hilflosigkeit. Insgesamt hängen die Bewältigungsfaktoren stark von vermittelnden kognitiven Faktoren ab. Ein bedeutender Einfluss kommt aber auch individuellen Dispositionen (Persönlichkeitseigenschaften) sowie sozialen und materiellen Ressourcen zu.

Mediatoren (Pearlin 1987)

Pearlin (1987) benennt in seiner soziologischen Stresstheorie als grundlegende Bewältigungsgrößen das Konzept der Mediatoren. Die kompensatorischen bzw. protektiven Faktoren, welche Garmezy und Masten (1986) in soziale und personale Ressourcen unterteilen, bezeichnet Pearlin (1987) als Mediatoren, worunter er insbesondere soziale Unterstützungsleistungen und Copingstrategien subsumiert. Die Mediatoren nehmen eine intervenierende und moderierende Funktion ein und beeinflussen so die Wirksamkeit stressinduzierender Belastungsfaktoren. Sie unterliegen jedoch engen Grenzen in ihrer stressreduzierenden Kapazität.

Mit den *personalen Ressourcen* lassen sich einerseits spezifische Copingstrategien und andererseits Selbstwert, Selbstwirksamkeit, externale oder internale Kontrollüberzeugung und weitere Persönlichkeitsmerkmale identifizieren (vgl. Seiffge-Krenke et al. 1989; Strittmatter 1995).

Die *sozialen Ressourcen* beziehen sich auf den sozialen Rückhalt und die verfügbaren unterschiedlichsten Unterstützungsleistungen aus dem sozialen Netzwerk. »Im weiteren Sinne lässt sich auch dann von sozialen Ressourcen sprechen, wenn die Person nur glaubt, sozial eingebettet zu sein, oder mit Zuwendung anderer bei Bedarf rechnen zu können« (Schwarzer 1990, S. 18).

Die soziale Unterstützung kann allgemein definiert werden als das Ausmaß an Unterstützung, das einem Individuum von den Mitgliedern eines sozialen Beziehungsgefüges mit dem (impliziten oder expliziten) Ziel der gegenseitigen Aufrechterhaltung bzw. Verbesserung des Befindens zur Verfügung gestellt wird. Der sozialen Unterstützung werden positive Funktionen für die Stressbewältigung und Stressprävention zugesprochen. Erkenntnisleitend ist dabei folgende Annahme: Je stärker eine Person in ein soziales Beziehungsgefüge bzw. Netzwerk[1] mit wichtigen Bezugspersonen eingebunden ist, desto besser kann diese Person mit ungünstigen Lebensbedingungen, kritischen Lebensereignissen und Lebensbelastungen umgehen und umso weniger treten Stressreaktionen auf. Bereits das Wissen, dass jemand da ist, der im Bedarfsfall unterstützend wirkt, verhilft zu einem aktiven Umgang mit dem Problem (vgl. Pfaff 1989; Röhrle 1994).

1 Das Konzept des sozialen Unterstützungs-Netzwerks (social support network) hat im Vergleich zum Konzept der sozialen Unterstützung (social support) eine längere Forschungstradition. Die Ursprünge des Netzwerkkonzeptes sind in dem von Moreno in den 30er-Jahren vorgelegten Soziogramm zu sehen. Von Barnes wurden erste Netzwerkanalysen durchgeführt. Der Begriff des sozialen Netzwerkes wurde durch Bott eingeführt (vgl. Pfingstmann/Baumann 1987).

Inhaltlich ist zwischen psychologischer und instrumenteller Unterstützung zu unterscheiden (vgl. Cobb 1976; House 1981; Thoits 1982): Der *psychologischen Unterstützung* lassen sich affektive bzw. emotionale Aspekte, wie emotionale Zuwendung, moralische Unterstützung, Verständnis und Gefühle der Nähe zuordnen. Die *instrumentelle Unterstützung* lässt sich in materielle (Geld, Sachgüter, Dienstleistungen) und informationsbezogene (Ratschläge, Hinweise) Teilaspekte unterteilen.

Die Erklärungsmodelle der Wirkungsmechanismen von Unterstützungsleistungen sozialer Netzwerke sind durch zwei konkurrierende Hypothesen gekennzeichnet (vgl. Barrera 1988; Cohen/Wills 1985; Wilcox 1981): Die *direkte Wirkungsweise* bezieht sich auf eine Verhinderung des Auftretens von Stress-Symptomen (main-effect Hypothese). Die *indirekte Wirkungsweise* beschreibt die moderierenden Potenziale bezüglich belastender Lebensereignisse (buffering-Hypothese).

Aus der Social-Support-Forschung sind geschlechtsspezifische Unterstützungseffekte bekannt. So ist festzustellen, dass Männer, welche in geschlechtsheterogenen festen Beziehungen leben, den größten Teil ihrer Unterstützung von ihrer jeweiligen Partnerin beziehen, während Frauen in Partnerschaften in der Regel ein erheblich differenzierteres Unterstützungsnetzwerk besitzen. Solche geschlechtsdifferenzierten Unterstützungseffekte bilden sich zwar erst mit steigendem Lebensalter (Erwachsenenalter) heraus; um so wichtiger sind aber konsolidierte Netzwerke im Jugendalter, welche eine gesicherte Basis für die anschließenden Lebensphasen darstellen können.

Diese positive soziale Unterstützung betrifft v.a. die Qualität eines sozialen Netzwerkes im Gegensatz zu einer nur quantitativen Betrachtung sozialer Integration. »In der Regel subsumieren Soziale Netzwerke existierende, lebende Personen mit gegenseitigem, positivem und mehrmaligem Kontakt« (Pfingstmann/Baumann 1987, S. 76).

Prinzipiell müssen allerdings neben den protektiven, unterstützenden Leistungen sozialer Netzwerke auch ihre unter Umständen problemverursachenden Wirkungen Beachtung finden. Es ist deshalb zu spezifizieren, ob das soziale Netzwerk einen primären Unterstützungscharakter besitzt oder nicht unterstützend bis sogar belastend und stressgenerierend wirkt (vgl. Holler/Hurrelmann 1990). Beispielsweise wird auf Etikettierungsprozesse im sozialen Nahraum verwiesen (vgl. Hohl/Keupp 1995; s. Kap. 3.5).

Dies bezeugt, dass Stresstheorien z.T. zu einer zu individualistischen Argumentation tendieren. Stressoren können auch durch institutionelle und soziokulturelle Strukturen bedingt und nicht individuell beeinflussbar sein. Strukturell sind etwa Rollenkonflikte und Rollenüberforderungen gegeben, die den Prozess einer gelingenden Sozialisation durch die Ungleichzeitigkeit verschiedener Autonomiegrade und zum Teil widersprüchliche Anforderungsstrukturen gefährden. Jugendliche werden dann z.T. ungerechtfertigt für ihr eigenes Schicksal verantwortlich gemacht. Die resultierende strukturelle Hilflosigkeit kann die Basis für die Ausbildung problematischer Verarbeitungsformen sein.

Eine gelingende Bewältigung von situations-, lebensphasen- und alterstypischen Aufgaben und Anforderungen hängt von den vorhandenen personalen und sozialen Ressourcen ab, die bei jedem Entwicklungsschritt eingesetzt werden.

Zusammenfassung

Stresstheoretische Ansätze gehen davon aus, dass abweichendes Verhalten aus der Konstellation von psychosozialen Belastungen und unzureichenden Ressourcen als Stressreaktion resultieren kann. Dabei erweisen sich chronische Belastungen problematischer als kritische Lebensereignisse (Life Events). Belastungen ergeben sich u.a. aus Entwicklungsaufgaben und erwachsen darüber hinaus vor dem Hintergrund sozialstruktureller Wandlungen mit Auswirkungen auf Familie und Beschäftigungssystem. Die Ressourcen zur Belastungskompensation lassen sich in soziale und personale Ressourcen unterscheiden.

Das Verständnis des Sinns und der Funktionalität abweichenden Verhaltens wird von den Theorien z.T. einseitig auf eine kompensatorische bzw. symptomatische Funktion der Konfliktbewältigung verengt. Devianz ist durch eine defizitäre Ausstattung des Einzelnen mit Bewältigungskapazitäten aber nur unzulänglich zu erhellen. Die lebensgeschichtliche Logik und die soziale Komplexität von Normabweichungen werden auf individuelle Bewältigungsprozesse verschoben und verengt (vgl. Franzkowiak 1986; Kühn 1993).

3.5 Interpersonelle Etikettierung

Die bislang beschriebenen Theorien versuchen zu erklären, warum Menschen abweichendes Verhalten zeigen. Sie setzen dieses Verhalten als etwas voraus, für das bestimmte Ursachen gefunden werden können. Man kann deshalb von ätiologischen Theorien sprechen. Sie zeichnen sich durch zwei Prämissen aus: Zum einen wird davon ausgegangen, dass »die objektive Feststellbarkeit von Konformität und Devianz einer Handlung durch die vorgegebene Intersubjektivität von Normensystemen prinzipiell abgesichert ist« (Keckeisen 1974, S. 25). Zum anderen wird Devianz in einer spezifischen Qualität vorausgesetzt, es handle sich um eine »distinkte Klasse von Verhalten (bzw. Akteuren)« (ebd.).

Etikettierungstheorien teilen diese Voraussetzungen nicht. Sie suchen nicht nach Ursachen von Verhalten, das an sich abweichend ist. Sie gehen der Frage nach, wie Abweichung aufgrund von Zuschreibungen, die in bestimmten Kontexten erfolgen und Handlungen mit spezifischen Qualitäten ausstatten, identifiziert wird. Zwar können dabei immer noch diejenigen ins Auge gefasst werden, die als deviant gelten, aber größere Relevanz erhält die Seite der Etikettierenden (vgl. Becker 1981, S. 149ff.). Anstatt nach Ursachen des Fehlverhaltens eines »Täters« zu suchen, wird gefragt, welche Normen zur Anwendung gelangen, wenn er als »Täter« definiert wird, welche Interessen dabei im Spiel sind und welche Konsequenzen sich dadurch ergeben.

a) Ätiologie versus Etikettierung

Sucht man nicht nach Ursachen von Abweichungen, sondern nach den Bedingungen, unter denen ein Verhalten als Abweichung gilt, dann nimmt man die Interpretation von Devianz, d.h. ihre »soziale Relevanz« (Kunz 2004, S. 173), in den Blick. Ein Beispiel hierfür gibt der devianzsoziologische Klassiker Emil Durkheim. In Kapitel 5.1 wird Durkheim als Vertreter der ätiologischen Anomietheorie vorgestellt. Dennoch meinte Durkheim (1961, S. 156ff.), ein Verhalten sei nicht in einem objektivistischen Sinne an sich abweichend.

Wenn man es als abweichend wahrnimmt, so erfolgt dies in Bezug zu Rahmenbedingungen. Durkheim bestimmte sie als den Zustand der moralischen Integration einer Gesellschaft, als ihr Kollektivbewusstsein. Von ihm aus wird Kriminalität definiert und so wird eine Handlung nicht verurteilt, »weil sie ein Verbrechen ist, sondern sie ist ein Verbrechen, weil wir sie verurteilen« (Durkheim 1996, S. 130). Da jede Form von Moral Grenzen legitimen und illegitimen Verhaltens definiert, ist Devianz eine soziologisch normale Erscheinung. Selbst eine Gesellschaft aus Heiligen, so Durkheim (1961, S. 158), weise immer noch Devianz auf. Man würde sich über Vergehen entrüsten, die in anderen Gesellschaften kaum relevant wären, da der Maßstab bezüglich Devianz in der Empfindlichkeit des Kollektivbewusstseins liegt, nicht in einer wie auch immer gearteten außersozialen Natur der Abweichung. In der Entrüstung könne die moralische Integration bestärkt werden, da man gemeinsam die Devianz verurteilt und sich die Gültigkeit der verletzten Normen ins Bewusstsein ruft.

Dies entspricht der Perspektive des Etikettierungsansatzes bzw. des Labeling Approach, da auch er von der sozialen Definition von Abweichungen ausgeht. Übereinstimmung ergibt sich also in der sozialen Perspektive und dem Zurechnungscharakter von Devianz. Worin bestehen die Unterschiede? Durkheim zweifelte nicht daran, dass Menschen die Taten, wegen derer sie verurteilt werden, auch tatsächlich verübt haben, und man konnte für ihr Verhalten Ursachen suchen. Dies war insofern unproblematisch, als das Kollektivbewusstsein als Evaluationskriterium fungieren sollte, durch das Abweichungen in einer Gesellschaft objektiv festzustellen waren. Von ihm aus betrachtet waren sie ein sozialer Tatbestand. Menschen wichen von den allgemein geteilten Standards der Gesellschaft ab und wurden deswegen bestraft.

Dies wird von der Etikettierungstheorie bestritten. Es wird von ihr nicht angenommen, Devianz sei durch allgemein anerkannte Normen zu diagnostizieren. Ihr zufolge kann Abweichung nicht als eigenständige Realität ausgewiesen werden, um dann nach objektiven Ursachen für sie zu suchen, denn Devianz wird erst durch die Reaktion auf sie als solche konstituiert. Die Etikettierungstheorie stellt nicht auf eine deviante Handlung ab, sondern interessiert sich für die Behauptung, dass überhaupt eine »deviante Handlung« gegeben sei. Die Anführungszeichen signalisieren den Charakter der Behauptung: Devianz wird von bestimmten Personen diagnostiziert und die Normen, die dabei zur Geltung kommen, können strittig sein.

Zum Beispiel zeigt der Gewaltbegriff unterschiedliche Auslegungen. Etwa die Ohrfeige, die Eltern ihrem Kind geben, wird in der Regel undramatischer interpretiert als eine Ohrfeige, die ein Kind von einer ihm fremden Person erhält. Erst in jüngerer Vergangenheit wurde Gewalt in der Erziehung stärker diskreditiert. Was macht den Unterschied zwischen den beiden Ohrfeigen aus? Die physische Handlung ist jeweils die gleiche, aber sie wird je nach dem Kontext – ohrfeigende Eltern oder Fremde – unterschiedlich wahrgenommen. Noch deutlicher wird der Zuschreibungscharakter, wenn man den Gewaltbegriff nicht auf physische, sondern auf andere, immaterielle Gewaltformen anwendet (vgl. Menzel 1997). Ob es sich bei aggressiven Witzen, der Schulpflicht o.a.m. um Gewalt handelt, kann je nach Sichtweise anders beurteilt werden.

Dass dies kein Einzelfall ist, zeigt das Strafgesetzbuch. »Fälle« von Kriminalität kommen erst durch die Unterstellung von Motiven zustande, die nicht an sich beobachtbar sind. Dies gilt für Diebstahl ebenso wie für Mord und andere Delikte. Zum Diebstahl wird eine Handlung nach § 242 StGB durch die »Absicht«, sich eine fremde bewegliche Sache rechtswidrig zuzueignen. Was aber, wenn jemand wirklich nur vergessen hat, etwas an der Kasse eines Supermarktes zu bezahlen? Man würde dies vermutlich einer älteren Dame eher glauben als einem auffällig gekleideten Jugendlichen. Selbst Mord bedarf der Interpretation, denn er ergibt sich aus bestimmten Motiven, jemanden umzubringen. § 211 StGB nennt »Mordlust«, die »Befriedigung des Geschlechtstriebes«, »Habgier« u.a.m. Dies liegt nicht offen vor, sondern wird einem »Täter« attribuiert, der erst durch die Attribution zu einem solchen wird.

Die Etikettierungstheorie stellt deshalb in das Zentrum ihres Interesses die »Argumente« (Keckeisen 1974, S. 45), die eingesetzt werden, um jemanden zu etikettieren. Sie stehen für Normen, die auf Menschen angewendet werden und die sie als »Deviante« bestimmen.

Auf dieser gemeinsamen Basis spaltet sich die Etikettierungstheorie in zwei Richtungen. Die eine hält stringent die Perspektive der Etikettierung ein. Sie geht davon aus, dass es keine Ursachen für Abweichungen gibt, und Devianz wird ausschließlich als äußere Zuschreibung einer Handlungsqualität gesehen. Diese Qualität sei nicht einer Handlung an sich eigen. In diesem Sinne stellt Helge Peters (1996, S. 110) fest, dass »die Qualität der Handlungen anderer durch Zuschreibungen des subjektiven Sinns definiert werden und dass sich diese Zuschreibungen an Kontexten orientieren, in denen das zu definierende Handeln verankert gesehen wird«. Egal, in welcher Form und bei welchen Personen »Devianz« identifiziert wird: Stets gilt es festzustellen, aufgrund welcher Kontexte und unter Heranziehung welcher Normen dies geschieht, da eine uninterpretierte kriminelle Handlung ein Widerspruch in sich ist.

In der anderen Spielart von Etikettierungstheorien wird ebenfalls die interpersonelle Wahrnehmung von »Devianz« betont. Aber es wird nicht in Abrede gestellt, dass kontextualisierte Handlungen auch eine Qualität der Abweichung besitzen können. So gehen Hess und Scheerer (2004) zwar von Kriminalität als einer gesellschaftlichen »Erfindung« aus, gleichwohl folgten aber aus der Definition der Kategorie »Kriminalität« faktische Grenzziehungen zwischen legalem und illegalem Verhalten, die von Handelnden gleichsam in Anspruch genommen werden. Deshalb können Hess und Scheerer (2004, S. 75) zu Formen kriminellen Verhaltens aussagen: »Wer eine dieser Handlungen begeht, tut das in aller Regel im Bewusstsein des Verbots«, d.h. die betreffende Handlung sei *»von vornherein Kriminalität«*, da der Handelnde ihr diese Qualität zuerkennt und seine Handlung entsprechend organisiert und deutet. Sie ist in sich kriminell. Demnach gibt es eine »objektive« Straftat, nur bedeutet dies nicht, dass primär wegen ihres Objektivitätsstatus etikettiert wird. Beispielsweise stellt Siegfried Lamnek (1983, S. 37) zur Kriminalisierung von Jugendlichen fest: Nicht »eigentlich die Straftat, sondern die sozial randständige Position wird sanktioniert. Dies bezeichnen wir als die soziale Produktion von Kriminalisierung«. Den eigentlichen Anlass bietet die Randständigkeit, während zumindest leichte Formen von Kriminalität ansonsten von beinahe allen Jugendlichen gezeigt werden. Sie gelten als ubiquitär (vgl. Kreuzer 1993, S. 185). Zu Etikettierungen kommt es, wenn eine faktisch kriminelle Handlung mit bestimmten Kontextmerkmalen (z.B. »randständige Position«) zusammentrifft. Während die »Abweichung der Angepassten« (Frehsee 1991) oft gar nicht entdeckt wird und sie große Ressourcen besitzen Devianz zu vertuschen, gilt dies nicht für sozial randständige Personen. Sie weisen zwar in einigen Deliktbereichen höhere Begehungszahlen auf, werden aber noch mehr an den Rand der Gesellschaft gedrängt, indem sie überproportional häufig zum »Fall« von Kontrollinstanzen werden. Geißler (1994, S. 187) bezeichnet dies als »doppelte Benachteiligung der unteren Schichten«, der eine »doppelte Begünstigung der oberen Schichten« gegenübersteht (s. Kap. 5.3).

Kann die zuerst geschilderte Position als *stringente Etikettierungsperspektive* bezeichnet werden, so entspricht die gemäßigte Sicht einer *ätiologischen Etikettierungstheorie*, da es für sie möglich ist zu fragen, warum jemand eine Straftat begangen hat. Es können Ursachen für die vor einer Etikettierung liegende Straftat gesucht werden und Zuschreibungen werden als Ursache weiterer Devianz angenommen, wie dies bei der Annahme sekundärer Devianz oder bei etikettierungstheoretischen Karrieremodellen der Fall ist.

b) Sekundäre Devianz

Eine frühe prägnante Formulierung der Etikettierungstheorie stammt von Tannenbaum (1973, S. 214) aus dem Jahre 1938: »The young delinquent becomes bad because he is defined as bad and because he is not believed if he is good«. Es spiele keine Rolle, ob die Definition in der Absicht zu helfen oder zu bestrafen erfolgt, da in beiden Fällen einem Jugendlichen unterstellt wird, er habe sich falsch verhalten, ob dies nun zutrifft oder nicht.

In der Formulierung zeigt sich, dass Tannenbaum in der zeitlichen Perspektive, die er unterstellt, der ätiologischen Etikettierungsrichtung folgt. Selbst wenn der Jugendliche sich am Anfang noch richtig verhalten habe und ihm nur niemand glaubte, so werde er schließlich zu einem »Täter«: »The young delinquent *becomes* bad«. An anderer Stelle schreibt Tannenbaum (1973, S. 215): »The person becomes the thing he is described as being". Die Etikettierung wird damit zu einer Ursache von Fehlverhalten, es kommt zu einer selbst-erfüllenden Prophezeiung: Wenn eine Person glaubhaft etikettiert wird, wird sie das Etikett u.U. für sich übernehmen und sich ihm gemäß verhalten.

Eine solche Annahme kann es in einer stringenten Etikettierungstheorie nicht geben, da selbst zu dem späteren Zeitpunkt die Devianz ausschließlich eine Aushandlung und Zuschreibung ist. Tannenbaum hingegen unterstellt, es komme aus einer möglicherweise falschen Etikettierung letztlich zu einer richtigen, die durch das Verhalten einer Person legitimiert ist. An derartigen Annahmen wird von einer radikaleren Sicht aus kritisiert, es komme zu einer »Reifikation« (Cremer-Schäfer 1985, S. 48) von Devianz, da sie unter der Hand den Status einer objektiven Abweichung erhält.

Unabhängig von dieser Kritik erfuhr die durch Tannenbaum vorweg genommene Theorietradition große Aufmerksamkeit. Lemert (1982) brachte die zeitliche Stabilisierung von Abweichungen auf den Begriff der »sekundären Devianz«. Damit ist gemeint, dass Personen zunächst aus ganz verschiedenen Gründen von Normen abweichen. Diese *primäre Devianz* ist allerdings nicht relevant für das, was mit der Person später geschieht. Wird sie durch Fehlverhalten auffällig, dann kommen Vorstellungen derjenigen zum Tragen, die die Person als deviant wahrnehmen. Sie unterstellen ihr bestimmte Verhaltensmuster und Seinsweisen und schließen sie aus konventionellen Integrationsformen aus. Es werden Devianz-Stereotype angewendet und die Identität des »Täters« wird dadurch nachhaltig geprägt. Es kann *sekundäre Devianz* resultieren als »eine besondere Klasse gesellschaftlich definierter Verhaltensweisen, mit denen Menschen auf die Probleme reagieren, die durch die gesellschaftliche Reaktion auf ihr abweichendes Verhalten geschaffen werden« (Lemert 1982, S. 433).

Der Betreffende wird – so der Titel einer klassischen Studie von Howard S. Becker (1981) – zum »Außenseiter«. Wie Lemert geht Becker davon aus, für den Etikettierungsprozess sei die an sich bestehende Devianz weitgehend irrelevant dafür, wie mit dem »Devianten« umgegangen wird. Zuschreibungen seien nur zum Teil durch abweichende Handlungen gedeckt, während sie vor allem durch soziale Reaktionen als gleichsam »echte« Devianz mit zahlreichen negativen Folgewirkungen für den Handelnden hervorgebracht wird (vgl. Becker 1973, S. 14). Die negativen Wirkungen beziehen sich darauf, dass mit der Reaktion ein bestimmter Status festgeschrieben wird. Möglichkeiten, sich auf konforme Weise zu verhalten, werden eingeschränkt, wenn bekannt ist, dass jemand »ein Krimineller« ist. Je glaubwürdiger und öfter eine Person erfährt, dass sie anormal ist, und je eher sie bereit ist, die negativen Zuschreibungen als ihre »wirkliche« Identität gelten zu lassen, desto eher wird sie sich in der Folge deviant verhalten. Dies ist dann keine Folge der ursprünglichen Devianz, sondern der Etikettierung.

Natürlich wird dabei kein Automatismus unterstellt. Er wurde auf den Begriff des »Reaktionsdeppen« (Trotha 1977) gebracht, demzufolge aus Etikettierungen automatisch weiteres Fehlverhalten folge. Dies wird von Etikettierungstheoretikern nicht unterstellt, denn es gibt in der Regel Möglichkeiten, Zuschreibungen abzuwehren (vgl. Becker 1981, S. 33). Selbst wenn dazu Ressourcen nötig sind, die nicht jedem gleich zur Verfügung stehen, gehen Menschen mit Zuschreibungen aktiv um. Diese werden nicht einfach internalisiert und unmittelbar handlungsleitend, sondern nach den bestehenden Lebensumständen gehandhabt. Die Annahme einer deterministischen Abfolge von Devianzsequenzen ist mit einer interaktionistischen Perspektive nicht zu vereinbaren, wie Lemert (1982, S. 452) konstatiert. Im Gegenteil gehen Menschen mit negativen Zurechnungen höchst ungleich um. Goffman (1999) spricht von »Techniken der Bewältigung beschädigter Identität«, die sehr unterschiedlich ausfallen und von der Art des Etiketts bzw. Stigmas abhängig sind, das jemandem attribuiert wird. Es macht z.B. einen Unterschied, ob ein Stigma offen sichtbar ist, wie eine physische Besonderheit, oder ob es unsichtbar ist wie Kriminalität.

Da es nicht nur um eine Internalisierung von Etiketten geht, sondern um den Umgang mit ihnen, ergeben sich Überschneidungen mit der Bewältigungs- bzw. Copingforschung (s. Kap. 3.4), wie sie im Anschluss an Stresstheorien verfolgt wird. Etikettierungen konfrontieren mit der Anforderung, mit ihnen umgehen zu müssen. Da die Etablierung von Identität durch soziales Feedback (mit-)gesteuert wird, sind negative Zuschreibungen eine wirkmächtige Bedrohung für ein positives Identitätsgefühl. Am Beispiel der sozialen Zurückweisung, die Menschen erfahren, die wegen einer psychischen Krankheit stationär behandelt wurden, wurde empirisch ein hohes Maß an sozialem Stress nachgewiesen (vgl. Wright et al. 2000). Selbst eine erfolgreiche therapeutische Behandlung psychischer Krankheit im stationären Kontext kann in negative Effekte umschlagen, wenn jemand in den Alltag zurückkehrt. Dort wirken Stigmatisierungsprozesse, die andauern können, wenn die Symptome der Krankheit nicht mehr auftreten (vgl. Rosenfield 1997; Link et al. 1997). Unabhängig von der Art und Weise wie mit einem derartigen Label individuell umgegangen wird, ist es als ranghohe Bedrohung des psychischen Wohlbefindens und der Lebenschancen einer Person ernst zu nehmen; es können sich Formen sekundärer Devianz nach Lemert einstellen (vgl. Link et al. 1991).

Freilich kann aber aus der Analyse der Auswirkungen formeller Etikettierungen nicht gefolgert werden, es komme zwangsläufig zu sekundärer Devianz. Die Unterstellung, aus dem Kontakt mit offiziellen Kontrollinstanzen erfolge sehr wahrscheinlich Rückfälligkeit, kann in dieser einfachen Form nicht verfolgt werden (vgl. Lüdemann/Ohlemacher 2002, S. 46ff.). Es ist zu beachten, wie komplex der Prozess ist, in dem ein Etikett etabliert wird. Individuelle und soziale Ressourcen sind ebenso zu bedenken wie subjektive Verarbeitungsformen, die Qualität und Häufigkeit von Etikettierungen, die Art des Etiketts u.a.m. Etikettierungstheorien weisen nicht immer auf die Voraussetzungshaftigkeit dieses Vorgangs hin, gleichwohl geben sie die Möglichkeit dazu.

c) Abweichende Karrieren

Da die eben geschilderten Etikettierungstheorien dem Zeitverlauf eines Labelingprozesses besondere Aufmerksamkeit schenken, liegt es für sie nahe, dies durch (offene, interaktionistische) Karrieremodelle zu beschreiben. Ein solches Modell der Entwicklung einer delinquenten Identität legt Quensel (1981) vor. Es zeigt in acht Stufen die Entwicklung einer devianten Identität und die Festschreibung eines Außenseiterstatus, durch den legitime Verhaltensoptionen weitgehend vorenthalten werden. Zu beachten ist, dass der Verlauf eines »erfolgreichen« Etikettierungsprozesses beschrieben wird, während faktisch auf jeder Stufe Möglichkeiten bestehen Ausgänge zu finden. Die Stufen lassen sich folgendermaßen charakterisieren (vgl. Quensel 1981, S. 48ff.):

1. Am Beginn steht, ähnlich der primären Devianz Lemerts, die Auffälligkeit eines Jugendlichen. Er begeht eine geringfügige Straftat, etwa Diebstahl oder den Konsum von Haschisch, um ein alltägliches Problem zu lösen. Nur in Ausnahmefällen fährt er mit der Delinquenz fort. Tut er dies, so wächst die Wahrscheinlichkeit erwischt zu werden.
2. Der Jugendliche fällt auf, allerdings ohne dass dies in größerem Maße bekannt wird. Ihm wird entweder geholfen, was den Problemstatus reduziert, oder er wird bestraft.
3. Durch Bestrafung verschärft sich das Problem. Die negativen Reaktionen der Umwelt bestätigen entweder das schlechte Gewissen des Jugendlichen, sie führen zu seinem Widerstand oder zu der Suche nach Bestätigung in delinquenten Subkulturen. Es ist noch relativ leicht ein Ausstieg aus der Karriere möglich.
4. Wird der Jugendliche erneut bei einer Tat ertappt, dann gilt er als »rückfällig« und wird härter bestraft. Sein Problem verschärft sich weiter und es kommt zu einer wechselseitigen Aufschaukelung negativer Reaktionen und des problematischen Zustands.
5. Der jugendliche »Kriminelle« wird offiziell als solcher registriert. Seine Möglichkeiten konformen Handelns werden deutlich reduziert. Eventuell muss er die Schule wechseln, er verliert die Lehrstelle oder erfährt andere Einschränkungen. Er interpretiert sich selbst als »Verbrecher«, kann aber nach wie vor aus der Karriere aussteigen.
6. Ein Ausstieg wird nun schwieriger, denn im konformen sozialen Umfeld ist der Jugendliche als Außenseiter abgestempelt. Im Gegenzug wächst seine Verankerung in delinquenten Gruppen, in denen er Erfolg und Prestige erfährt. Das Rollenmuster der Delinquenz verfestigt sich.

7. Der Jugendliche wird in eine Strafanstalt eingewiesen. Hier wird das Rollenmuster endgültig beschlossen. Durch das Leben der Anstalt werden die Probleme weiter verschärft und positive Entwicklungen nachhaltig erschwert.
8. Es stellt sich ein Kreislauf von Rückfällen und neuerlicher Bestrafung ein. Als »Vorbestrafter« erfährt der Betreffende deutlich negative Rückmeldungen der sozialen Umwelt.

Formelle Kontrollinstanzen spielen hier eine besondere Rolle, allerdings können Etikettierungen auch ohne sie auftreten, wenn die allgemeine kulturelle Verfügbarkeit von Labels beachtet wird. In der alltäglichen und massenmedialen Kommunikation werden Moralbilder legitimen und illegitimen Verhaltens dargestellt, die bei Etikettierungen in Anspruch genommen werden (vgl. Stehr 1997; 1998). Dies kann auch auf Selbst-Etikettierungen bezogen werden. Bspw. gelten Drogen allgemein als gefährlich, riskant und suchterzeugend. Der Konsum kann erfolgen, indem diese Bedeutung zugrunde gelegt wird, um Neugier zu befriedigen oder um im sozialen Kontakt Risikobereitschaft und -kompetenz zu zeigen (vgl. Dollinger 2002; Koenen 1999). Karrieren können etabliert werden, indem Personen sich selbst zuschreiben, abhängig zu sein – in Einzelfällen selbst wenn Abhängigkeit nicht objektivierend nachweisbar ist (»Pseudoaddicts«; vgl. Zinberg/Lewis 1964).

Zusammenfassung

Etikettierungstheorien gehen nicht von an sich bestehender Devianz aus. Sie erschließen den Kontext, in dem eine Person als abweichend auf der Basis bestimmter Normierungen wahrgenommen wird. Die rein ätiologische Frage nach Ursachen von Devianz und die durch sie vorausgesetzte allgemeine Gültigkeit von Normen wird dadurch kritisiert. Durch die Etikettierungstheorie wird deutlich, wie voraussetzungsvoll die Feststellung ist, ein Verhalten sei deviant. Die historisch spezifischen Rahmenbedingungen und die soziokulturellen und situativen Umstände sind in eine Untersuchung von Abweichungen einzubeziehen, da sie erst Zuschreibungen ermöglichen. Kommt es zur Anwendung eines Devianzlabels, so konkurrieren verschiedene Perspektiven, von denen sich schließlich eine durchsetzt. Bei »erfolgreicher« Etikettierung wird ein Prozess in Gang gesetzt, der für einen »Täter« erst die Probleme bereitet, die ihm zuvor unterstellt wurden.

Der genaue Verlauf einer Etikettierung ist komplex und die Resultate empirischer Überprüfungen des Labeling Approach werden divergent wahrgenommen (vgl. Lamnek 1999, S. 280f.; Kunz 2004, S. 183ff.; H. Peters 1997). Empirisch belegt ist aber die Wirkmächtigkeit eines Labels, das negative Effekte auf das Selbstkonzept und die konformen Handlungsmöglichkeiten einer Person ausübt (z.B. Prein/Schumann 2003). Bei der Erschließung von Stigmamanagement ergeben sich Überschneidungen zu Themen der Stress- und Bewältigungsforschung.

Die Annahme einer devianten Karriere bezieht sich auf eine ätiologisch erweiterte Etikettierungstheorie. Der behauptete Gegensatz zu ätiologischen Theorien wird damit relativiert, wenngleich unterschiedliche Schwerpunkte verfolgt werden. Im Zentrum des Interesses der ätiologischen Etikettierungstheorie steht nicht die Suche nach den Ursachen für Abweichungen, sondern die Reaktion auf und der Umgang mit Devianz.

Anders verhält es sich mit einer stringent aufrecht erhaltenen Etikettierungsperspektive. Für sie gibt es keine Ursachen von Abweichung. An die Stelle der Suche nach Ursachen tritt gänzlich die Beschreibung von Definitions- und Normierungsleistungen. Dabei ist zu bedenken, dass Personen stets selbst Interpretationen ihrer Handlungen vornehmen. Die Normverletzung kann deshalb zur Ursache von Handlungen werden, etwa um sich zu stilisieren. Derartige Problemkreise müssen von dieser Etikettierungstheorie ausgeblendet bleiben. Sie argumentiert dadurch konsequent, aber tendenziell subjektlos.

Gegen beide Arten von Etikettierungstheorien wurde der Kritikpunkt eingebracht, Labels würden nicht nur situativ ausgehandelt. So ist geltend zu machen, dass die Zuweisung von Etiketten etwa in schulischen Kontexten auf die Gesellschaftsstruktur verweisen (vgl. Brusten/Hurrelmann 1976). Es wurden deshalb Versuche unternommen, Etikettierungsprozesse gesellschaftstheoretisch zu verankern (s. Kap. 5.3).

4. Mesoebene: Subkultur, Peers, Gruppen

4.1 Die Subkulturtheorie

Unter einer Subkultur ist eine in sich geschlossene gesellschaftliche Teilkultur zu verstehen, die sich in ihren Werten, Normen, Bedürfnissen, Verhaltensweisen und Symbolen bzw. Stilisierungen von der gesellschaftlich dominierenden Kultur (meist Mittelschichtkultur) unterscheidet. Aufgrund des Allgemeingültigkeitsanspruchs der »Hauptkultur« werden Subkulturen an deren Normen- und Wertesystem gemessen und bewertet. Der Begriff der delinquenten Subkulturen bezieht sich auf deviante Jugendliche. Die Mitglieder krimineller Jugendbanden und »Gangs« verletzen aus verschiedenen Gründen, bewusst oder unbewusst, die Ziele und Werte der dominierenden Kultur.

Die Subkulturtheorie hat ihren Ursprung in den USA und entwickelte sich aufgrund der dortigen Problematik mit der jugendlichen Bandenkriminalität (vgl. Cohen 1957) auf der theoretischen Basis der Chicagoer Schule. Sie entwarf deskriptive Modelle, mit denen plausibel gemacht wurde, wie die zahlreich eingewanderten ethnischen Gruppen viele ihrer mitgebrachten soziokulturellen Werte und Norme beibehielten und sich trotzdem in die amerikanische Gesellschaft mehr oder weniger stark integrierten (vgl. Treibel 1990). Dies gelang nach der Subkulturtheorie dadurch, dass sich die ethnischen Gruppen sozialräumlich von der Mehrheitsgesellschaft abgrenzten und unter sich blieben. Im Binnenleben der Subkultur gelten die tradierten Werte weiter und lediglich nach außen, in der Teilhabe an der Gesamtgesellschaft, orientiert man sich an den Werten der Mehrheitskultur.

Die Grundannahme des Subkulturansatzes ist, dass in größeren, komplexen sozialen Systemen Normen, Werte und Symbole nicht für alle die gleiche Bedeutung und Wertigkeit haben. Denn entsprechend große Systeme (Gesellschaftssystem) sind ausdifferenziert und in Subsystemen strukturiert. Die Subsysteme unterscheiden sich nach Wertorientierungen und Normen, wenngleich es auch immer noch gemeinsam geteilte Werte gibt. Das Erklärungspotenzial der Subkulturtheorie für abweichendes Verhalten liegt in der Einbeziehung von Wert- und Normendifferenzen (vgl. Raithel 2002).

Subkulturen besitzen soziostrukturelle Mechanismen, die das Potenzial haben, teilweise widersprüchliche und sich auf gleicher Ebene ausschließende Normen nebeneinander bestehen zu lassen. Unterscheiden sich Werte in hohem Maße von der Gesamtgesellschaft, so wird auch von »Kontrakulturen« gesprochen, während »Teilkulturen« konforme Untergruppen der Gesellschaft repräsentieren (vgl. hierzu Yinger 1960). Dies zeigt, dass mit den jeweiligen Begriffen Grenzziehungen verbunden sind. So kann es umstritten sein und von der gewählten Sichtweise abhängen, ob eine Teil-, Sub- oder Kontrakultur vorliegt. Etwa die Gruppe der Schwangeren verfolgt Normen, die von denen der Gesamtgesellschaft abweichen. Sie als deviant wahrzunehmen wäre allerdings unplausibel. Je komplexer eine Gesellschaft ist, desto mehr bestehen entsprechende Unklarheiten, da von einer großen Heterogenität von Gruppenzugehörigkeiten und -orientierungen auszugehen ist. Der Begriff »Subkultur« ist deshalb nicht unproblematisch, da er normativ vorbelastet ist. Er bringt normative Diskrepanzen aus Sicht einer dominierenden Kultur zum Ausdruck und impliziert eine Diskreditierung der bezeichneten Kultur.

4.1.1 Kriminelle Subkulturen nach Trasher und Whyte

Kriminelle Subkulturen haben erstmalig in den 1920er- und 1930er-Jahren Trasher und Whyte in den USA untersucht und beschrieben. Trasher (1936) kam zu der Schlussfolgerung, dass es sich bei Gangs als eine Form der Subkultur um temporäre Zwischengruppen handelt. Trasher führt weiter aus, dass Gangs als Gemeinschaften männlicher Jugendlicher in amerikanischen Großstädten eine wesentliche Rolle bei der Rekrutierung von Kriminellen spielen. Gangs sind »Ersatzlösungen« für (männliche) Unterschichtjugendliche in (US-amerikanischen) Großstädten, die die Möglichkeiten bieten, anderweitig nicht erfüllbare Gemeinschaftsbedürfnisse zu befriedigen. Sie stellen natürliche und spontane Reaktionen auf die vielfältigen sozialen Deprivationserfahrungen in Familie, Beschäftigungssystem (z.B. Arbeitslosigkeit) und Gesellschaft dar. Bei Gangs handelt es sich um durch (Kultur-)Konflikterfahrungen integrierte Primärgruppen, die dem Einzelnen Partizipationsmöglichkeiten an gemeinsamen Aktionen, neuen Erfahrungen, Spannung, Genuss und Romantik vermitteln und oft die einzige Chance des Statuserwerbs bieten (vgl. Lamnek 1999, S. 146). Durch aus der Konflikterfahrung entstandene Gruppenidentität entwickelt sich eine Gemeinsamkeit von Gewohnheiten, Gefühlen, Einstellungen und Symbolen.

Trasher (1936) charakterisiert Gangs anhand folgender Merkmale:

- Spontane und ungeplante Entstehung
- Intime persönliche (face-to-face) Kontakte
- Wechselseitige Stimulation und Reaktion
- Betonung von Aktivität und Konflikt
- Entwicklung von gemeinsamen Codes, Normen und Werten
- Ungeplante Organisation
- Bindung an ein Territorium
- Entwicklung einer Dynamik (Evolutionsprozess)

Trotz dieser prinzipiellen Merkmale besitzt jede Bande einen eigenen Charakter, weshalb Trasher eine komplexe Typologie entwickelte.

4.1.2 Die Subkulturentheorie Cohens

Nach Cohen (1957) sind Subkulturen kollektive Reaktionen auf Anpassungsprobleme, die aus gesellschaftlich ungleichen Lagen entstehen und für die eine bestehende Kultur keine zureichende Lösungen zur Verfügung stellt. Der Subkulturbegriff in Cohens strukturell-funktionaler Theorie wurde aus der Beobachtung jugendlicher Gangs entwickelt. Er beschreibt eine Basis-Subkultur, die er in Typen ausdifferenziert. Delinquenz stellt sich in diesen Subkulturen nicht als zielgerichtetes Verhalten dar, sondern als eine irrationale Reaktion auf die Anpassungs- und Statusprobleme Jugendlicher der Unterschicht. Grundlage dieser Anpassungsprobleme stellt nach Cohen die Diskrepanz zwischen einer Klassengesellschaft und einer demokratischen Ideologie dar, die von Chancengleichheit und somit einheitlichen Partizipationsmöglichkeiten ausgeht. Angehörige der Unterschicht verfügen nicht in ausreichendem Maße über Möglichkeiten des Statuserwerbs wie die Mittelschichtangehörigen. Die hieraus resultierende Deprivation der Unterschichtangehörigen zeigt sich in Unzufriedenheit, Spannungen und Frustrationen. Vor diesem Hintergrund stellen Subkulturen eine Möglichkeit der kollektiven Lösung eines gemeinsamen Problems dar (vgl. Cohen 1968, S. 186). Der Zusammenschluss in Form der Bandenkultur entspricht solch einer Lösungsform gegenüber der Unzufriedenheit mit der eigenen sozialen Lage und den Statusproblemen. Die Allgemeingültigkeit der Mittelschichtnormen und das Unvermögen der Unterschichtangehörigen, diese umzusetzen, führt zu einer Ablehnung der Mittelschichtmaßstäbe und verkehrt sich in ihr Gegenteil, was dann auch vorhandene Aggressionen legitimiert (vgl. Cohen 1961). Daraus ergibt sich der negativistische Charakter, demzufolge delinquentes Verhalten als bewusste Negation der herrschenden (Mittelklasse-)Kultur begangen wird. Kennzeichnend für diese Subkulturtheorie ist die Annahme des Abweichens von gesamtgesellschaftlichen Werten und Normen bei partieller Übernahme ihrer kulturellen Inhalte.

Eine Funktionalität von Subkulturen hinsichtlich abweichenden Verhaltens ist gegeben, weil:

- Subkulturen ihren Mitgliedern Status verleihen, den sie anderweitig nicht erreichen können.
- sie Feindseligkeit und Aggression gegen jene rechtfertigen, derentwegen die Selbstachtung ihrer Mitglieder eingeschränkt ist.
- sie Angst- und Schuldgefühle vermindern, indem die Gesamtheit der übrigen Mitglieder als Bezugsgruppe herangezogen werden kann.

Cohen und Short (1968, S. 378ff.) unterscheiden sechs Arten von männlichen delinquenten Subkulturen, diese sind:

1. *Die männliche Basis-Subkultur.* Diese wurde in Cohens Buch »Delinquent Boys« als »die« Subkultur bezeichnet. Sie wird als nicht-utilitaristisch, bösartig und negativistisch sowie durch kurzfristigen Hedonismus und Gruppenautonomie gekennzeichnet. Ihr Organisationsprinzip sind häufig auftretende kleine Banden und Cliquen. Als »Basis-Subkultur« stellt sie die am häufigsten vorkommende Form dar.
2. *Die konfliktorientierte Subkultur.* Dies ist die in der Öffentlichkeit heute am meisten hervortretende Subkultur. Sie ist durch große Banden mit komplexer Organisation, Rollendifferenzierung, altersspezifischer und territorialer Gliederung sowie einem eigenen Ehrenkodex gekennzeichnet. Der Status einer Bande bestimmt sich weitgehend aus ihrer Härte. Diese Banden haben Namen, einen ausgeprägten Sinn für Korpsgeist, meist ein bestimmtes Territorium und einen Ruf in der Bandenwelt.
3. *Die Subkultur der Rauschgiftsüchtigen.* Diese recht spezifische Subkultur weicht neben dem Gebrauch narkotischer, illegaler Drogen aufgrund von Beschaffungskriminalität und einem entsprechendem Lebensstil von anderen Gruppen ab (vgl. Lüdtke 2003). Delinquentes Verhalten ist hier vor allem utilitaristisch motiviert.
4. *Halbprofessioneller Diebstahl.* Mit dem Begriff »halbprofessionell« soll ein Abschnitt in einer Lebensphase bezeichnet werden. Diese Verhaltenssequenz scheint insbesondere jugendliche Diebe und Einbrecher zu charakterisieren. Die meisten Teilnehmer an dieser Subkultur sind im Alter von 16 bis 17 Jahren und setzen sich langsam ab. Eine Minorität beginnt sich jedoch in diesem Alter mehr auf utilitaristisches, systematisches und geldbringendes Verbrechen zu verlagern.
5. *Die delinquente Mittelklassen-Subkultur.* Mittelklassedelinquenz nimmt im Allgemeinen ebenfalls eine subkulturelle Form an, wenngleich für sie nicht das gleiche Erklärungsmodell wie für die vorgenannten Typen herangezogen werden kann. Eine Unterscheidung ist nötig, da für diese Jugendlichen keine der An-

passungsprobleme bestehen. Die Statusprobleme stellen sich in einer anderen Art als für Unterschichtangehörige dar, doch haben die Auswirkungen des sozialen Wandels auch die Chancen von Mittelschichtjugendlichen grundlegend verändert.

Eine befriedigende Theorie delinquenter Subkulturen muss die verschiedenen Anpassungsprobleme spezifizieren, auf die jede dieser Subkulturen eine Antwort darstellt. Die bisherigen Ausführungen bezogen sich lediglich auf männliche Jugendliche, doch glauben Cohen und Short (1968), dass es verschiedene Typen *weiblicher delinquenter Subkulturen* entsprechend den männlichen gibt. Eine relativ große Rolle spielen sexuelle Vergehen, doch machen Cohen und Short aufgrund des lückenhaften Datenmaterials keine weiteren Aussagen über diese Subkultur.

4.1.3 Unterschicht-Kultur nach Miller

Nach der These der Unterschicht-Kultur von Miller (1968) ist die Subkultur jugendlicher Banden nicht primär als Reaktion auf das Nichterreichen von Mittelschichtzielen zu betrachten, sondern als Manifestation einer eigenständigen Kultur der Unterschicht. Miller beurteilt daher jugendliche Banden anders als Cohen. Miller ist der Ansicht, dass es für die Analyse von Verhaltensmotivationen fruchtbar sei, sich den Standpunkt der Akteurs zu eigen zu machen, anstatt die Verhaltensweisen an einem anderen kulturellen System zu messen. Er nimmt an, dass nicht die Intention vorherrscht, die Mittelschichtnormen zu verletzen, sondern sich den Unterschichtnormen gegenüber konform zu verhalten. Aus der Anpassung an die Unterschichtsubkultur resultiert folglich unbeabsichtigt eine Abweichung von den Mittelschichtnormen als ein »Nebenprodukt«.

Die Gruppenmitglieder zeichnen sich durch einen hohen Grad von Fähigkeit und Motivation zur Konformität mit den Normen der Unterschichtkultur aus. Miller (1968) beschreibt so genannte *Kristallisationspunkte* zur Erläuterung dieser Kultur. Dies sind Schwierigkeiten (Die Beschäftigung mit Schwierigkeiten ist kennzeichnend für die Unterschichtkultur. Das Streben nach Konformität gegenüber Gesetzen und Mittelschichtvorstellungen beruht in erster Linie auf dem Bestreben, nicht in Schwierigkeiten zu geraten), Härte (Dieses Merkmal umfasst Maskulinität, Mut, Indifferenz gegenüber Kunst und Literatur. Ihr hoher Stellenwert beruht wahrscheinlich auf einer Art zwanghafter Reaktionsbildung infolge des Aufwachsens in stark weiblich geprägten Haushalten), geistige Wendigkeit, Erregung (Suche nach Spannung), Schicksal und Autonomie. Für Jugendliche sind Zugehörigkeit und Status weitere Kristallisationspunkte. Die Vorzüge des »Kristallisationspunkte-Konzepts« gegenüber dem »Wertkonzept« liegen nach Miller in der größeren Konkretheit, deskriptiven Neutralität gegenüber dem Wert-Begriff und der Möglichkeit zur verfeinerten Analyse subkultureller Unterschiede.

Himmel-Kesselring (1972) formuliert für die Gangbildung Jugendlicher folgende Hypothesen:

- Dem Unterschichtjugendlichen fehlt die männliche Erwachsenenbezugsperson, weshalb für ihn Identifikationsprobleme entstehen und er zu einer eingeschlechtlichen Gleichaltrigengruppe tendiert.
- Die Unterschichtjugendlichen haben ein ausgeprägtes Statuserleben, das sich in dem Wunsch äußert, erwachsen sein zu wollen. Erwachsen sein heißt hier, mehr Freiheiten und größeren Verhaltensspielraum zu haben.
- Statuserleben und Identifikationswünsche können für den Jugendlichen in delinquenten, gleichberechtigten Banden am ehesten realisiert werden.

Aus diesen Aussagen lässt sich folgender Schluss ziehen: »Je größer der Mangel an männlichen Identifikationsmöglichkeiten ist und je stärker das jugendspezifische Statusstreben ist, desto eher besteht die Neigung zur Bildung von Eckenstehergruppen und Banden« (Himmel-Kesselring 1972, S. 63).

Zusammenfassung

Subkulturtheorien gehen davon aus, dass Gesellschaften aufgrund ihrer Komplexität nicht homogen sind. Dies betrifft Werte und Normen, die zwar zu einem bestimmten Basisanteil von allen Gesellschaftsmitgliedern geteilt werden, aber darüber hinaus gehende Wertorientierungen unterscheiden sich in Subsysteme, die Produkte der gesellschaftlichen Differenzierung sind. Divergierende Normen sind so als Ausdruck sozialer Differenzierung in einer komplexen Gesellschaft zu verstehen. Herrschen in der Subkultur solche verhaltensdeterminierenden Normen vor, die denen der Gesamtkultur widersprechen, entsteht abweichendes Verhalten bzw. ein Verhalten, das von der Gesamtgesellschaft als abweichend definiert wird. Hiernach sind intragesellschaftliche Normendivergenzen/-konflikte Ursache von abweichendem Verhalten. Abweichendes Verhalten tritt also auf, wenn die Normen der Subkultur auch dann gegenüber der Gesellschaft vertreten und befolgt werden, wenn sie deren Normen widersprechen. Die Balance zwischen subkultureller und gesamtgesellschaftlicher Normorientierung wird damit gebrochen.

Die Subkulturtheorie geht zwar implizit davon aus, dass psychologische Merkmale intervenierend wirken, jedoch werden diese nicht herangezogen, um aufzuzeigen, warum nicht alle Subkulturmitglieder delinquent werden. Bezüglich der Allgemeingültigkeit der Subkulturtheorie bestehen Vorbehalte, da die Theorie an US-amerikanischen Verhältnissen der 1920er- und 1930er-Jahren gewonnen wurde. Aufgrund dieser recht spezifischen Bedingungen ist der Erklärungswert der Subkulturtheorie als eingeschränkt zu sehen.

Abweichendes Verhalten wird durch Normen innerhalb der Subkultur erklärt, doch bleibt unbeantwortet, welche Bedingungen für deren Entstehung verantwortlich sind. Solche Erklärungen werden, wenn überhaupt, nur implizit gegeben. Es fehlt eine stichhaltige und detaillierte Begründung für die Genese von Subkulturen. Zudem ist zu bedenken, dass Gruppenbindungen auch Devianz verhindern, indem sie soziale Kontrolle ausüben.

4.2 Peer-Group, soziale Identität und saliente Zugehörigkeit

In entwicklungspsychologischer Perspektive gewinnt die Peer-Group mit zunehmendem Alter eine wachsende Bedeutung für die Herausbildung und Festigung von Normen, Einstellungen und Verhaltenstendenzen. Für die »Identitätssuche« ist die Peer-Group für Heranwachsende sehr wichtig. Sie ist ein Interaktionsfeld, in dem

Jugendliche ihre Selbstbilder entwerfen, ausprobieren und entsprechende Anerkennung finden können. Im Unterschied zu anderen »Quellen« des Selbstwerts (z.B. dem Status in Schule und Beruf) können Anerkennung und Respekt über eine Gruppe relativ einfach – und weitgehend unabhängig von Erwachsenen – hergestellt werden.

Doch neben diesen positiven Effekten besteht auch die Gefahr der Herausbildung eines delinquenzbegünstigenden Umfelds (vgl. Kühnel 1995; Fuchs et al. 1996; Tillmann et al. 1999; Wetzels/Enzmann 1999) – auch im Sinne der Subkulturtheorie. Die Jugendlichen erlangen durch delinquentes Verhalten im Kontext delinquenter Peer-Groups Wertschätzung und Anerkennung. Es wird angenommen, dass sich gerade diese Jugendlichen viel stärker und massiver von ihren Eltern abgrenzen wollen, wofür sich das delinquente Verhalten als ein brauchbares Mittel darstellt.

Somit verwundert es auch nicht, dass die Bedeutung der Gleichaltrigengruppe für delinquentes Verhalten zweifellos eine der am besten untersuchten Variablen in der Kriminologie ist (vgl. Patterson et al. 1992). Sowohl in Querschnittstudien als auch in Längsschnittuntersuchungen hat sich konsistent bestätigt, dass die Einbindung in deviante Peer-Groups (vgl. Elliott 1994; Engel/Hurrelmann 1993; Dietz et al. 1997) mit einer Erhöhung delinquenter Aktivitäten der Jugendlichen sowie kriminalitätsbefürwortender Einstellungen verbunden ist. Dabei stehen familiäre Sozialisationsbedingungen und Peer-Group-Beziehungen in Interaktion miteinander (vgl. Thornberry 1987; Kandel 1996).

Entsprechend Thornberry et al. (1994) ist zu beachten, dass es nicht nur die tatsächlichen Aktivitäten der Clique sind, sondern vor allem die durch die Peer-Group vertretenen normativen Überzeugungen und Werte, die sowohl auf das Verhalten als auch die Einstellungen der Gruppenmitglieder einen nachhaltigen Einfluss haben.

Eine wesentliche und positive Gruppenleistung ist die Herstellung der sozialen Identität. Vorstellungen, die Individuen von sich ausbilden, sind mit Unterscheidungen und Abgrenzungen gegenüber anderen verbunden (Individualität). Das Gleiche gilt für soziale Gruppen. Die Zugehörigkeit zu einer Gruppe schafft und sichert soziale Identität in Distinktion von anderen Gruppen. Dies ist meist assoziiert mit der Aufwertung der Eigengruppe und Abwertung der Fremdgruppe (vgl. Tajfel 1982; Tajfel/Turner 1979). Tajfel und Turner (1979) gehen in der Theorie der »positiven sozialen Identität« davon aus, dass neben personalen (z.B. persönlichen Fähigkeiten, biographischen Vorgaben) auch soziale (d.h. über Gruppenzugehörigkeiten vermittelte) Identitätselemente für die Selbstdefinition notwendig sind. Über Kategorisierungen segmentieren Individuen ihre (natürliche und soziale) Umwelt in Zusammengehörendes und Nicht-Zusammengehörendes und so auch in unterscheidbare Gruppen, z.B. in die Eigengruppe, in vertraute andere oder fremde Gruppen. Aus der Zugehörigkeit zu bestimmten Gruppen leitet sich die »soziale Identität« eines Individuums ab. Informationen über seine soziale Identität und deren Positionierung gewinnt das Individuum über Vergleiche der eigenen Gruppe mit anderen Gruppen. Jedes Individuum ist bestrebt, eine positive soziale Identität zu haben. Diese kann aber nur erreicht werden, »wenn die eigene Gruppe positiv von relevanten Vergleichsgruppen abgesetzt wird« (Wagner 1994, S. 9). Darüber hinaus sind die Lebenslage und soziale Hintergründe (Familie, soziale Kontrolle, Deprivationserfahrungen, regionale Besonderheiten etc.) wichtige Einflussfaktoren. Gruppenprozesse (z.B. Kohäsion, Außenbeziehungen) und die Verpflichtung zur Gruppensolidarität variieren somit nach »Herkunft« der Gruppen.

Auch wenn die meisten Gruppenzugehörigkeiten und die damit verbundenen »Abwertungen« sozial folgenlos bleiben, so steigt mit dem Grad der Salienz der Gruppenwirklichkeit die Bereitschaft zu devianten Verhaltensweisen (vgl. Wetzstein/Würtz 2001). Nunner-Winkler (1998) spricht diesen Aspekt der Salienz sozialer Kategorien an, der sich auf das Gefühl bezieht, in einer Situation einer Gruppe anzugehören. In der »Selbst-Kategorisierungs-Theorie« von Turner (1982; 1984; 1985), die eine Weiterentwicklung seiner Experimente mit Tajfel darstellt, spielt der Begriff der Salienz eine große Rolle. Ausgangspunkt dabei ist, dass es sich bei der sozialen Identität einer Person nicht um ein Merkmal handelt, das in allen Situationen von gleich bleibender Bedeutung für die Person ist. Salienz ist »eine Variable, die in interaktionistischer Tradition sowohl den Einfluss persönlicher wie die Bedeutung situativer Faktoren für das Erleben und Verhalten betont« (Wagner 1994, S. 55). Die Salienz einer Ingroup ist maßgeblich dafür verantwortlich, ob die entsprechende Gruppenmitgliedschaft subjektiv salient und die daran gebundene soziale Identität verhaltenswirksam werden. Mit zunehmender Salienz tritt eine Depersonalisierung ein und die soziale Identität der Person wird zur verhaltenssteuernden Instanz, d.h. die Person gleicht sich an die Gruppe an (vgl. Wagner 1994, S. 139).

Nunner-Winkler (1998) erklärt die Tajfelschen Befunde, dass Mitglieder in kleinen Gruppen dazu neigen die Eigengruppe zu favorisieren und die Fremdgruppe zu diskriminieren, damit, dass die Gruppenzugehörigkeiten für die Mitglieder salient sind, d.h. sie fühlen sich in der Situation der Gruppe zugehörig und ihr verpflichtet. Dies veranlasst sie dazu, sich loyal gegenüber den Angehörigen der Eigengruppe zu verhalten. Dies führt unter Umständen zu diskriminierendem Verhalten gegenüber der Fremdgruppe.

In den für Jugendliche typischen Gruppenzugehörigkeiten – also in mehreren und unterschiedlichen Gruppen – ist Devianz eher situativ und ubiquitär. Doch dominieren dagegen exklusive Zugehörigkeiten, d.h. die Jugendlichen gehören einer salienten und hoch identitätsrelevanten Gruppe an, so kann die Entwicklung weitergehen: Die Gruppenmitglieder stehen negativen sozialen Reaktionen (z.B. Stigmatisierung, Strafverfolgung) mitunter gleichgültig gegenüber oder fordern sie sogar heraus. Die Gefahr von körperlichen Schädigungen wird hingenommen. Die Gruppe wird zu einer zentralen, mitunter sogar zu der einzigen Ressource für den Aufbau oder Erhalt einer positiven sozialen Identität. Eine solche Entwicklung ist an spezifische Gruppenprozesse gekoppelt (vgl. Neidhardt 1985). Die Jugendlichen geraten durch ihr Verhalten in eine Art Selbstisolation. Immer größere soziale Bedürfnisse der Jugendlichen werden an die Gruppe herangetragen. Damit überlasten die Jugendlichen deren Möglichkeiten. Sie kann die emotionalen und sozialen Ansprüche der einzelnen Jugendlichen in diesem Ausmaß nicht befriedigen. Gleichzeitig überfordert in vielen Fällen die Gruppe ihrerseits die Mitglieder durch ihre Allgegenwart. Es scheint selbstverständlich, an allen Aktivitäten der Gruppe teilzunehmen und sich nicht zu drücken. Wer »kneift«, ist ein Feigling.

Die Gruppe reagiert evtl. mit negativen Sanktionen, Zwang und Gewalt, was die innere Stabilität der Gemeinschaft (weiter) zum Schwinden bringt. Nach außen präsentieren sich die Jugendlichen als »verschworene Gemeinschaft«. De facto dominieren aber intern Streitigkeiten und Enttäuschungen der Mitglieder. Innere Schwäche kann die Gruppe allerdings immer wieder durch Stärkeerlebnisse und Machtdemonstrationen beispielsweise in der Konfrontation mit anderen Cliquen ausgleichen. Die Gruppe wird zu einer dauerhaft salienten Schicksalsgemeinschaft ohne Alternative und fordert eine hohe Risikobereitschaft bzw. Devianz von ihren Mitgliedern. Der Gruppeneinfluss steigert sich mitunter soweit, dass die persönliche Entscheidungsautonomie der Jugendlichen bezogen auf das deviante Verhalten verloren geht und dieses weitgehend von den Zwängen der Gruppe bestimmt wird. Selbstwert stellen diese Jugendlichen dann vor allem über die Gleichaltrigengruppe her und werden deviant (vgl. Wetzstein/Würtz 2001).

Die Bewährung im devianten Verhalten ermöglicht den Gruppenmitgliedern eine positive soziale Identität und stärkt gleichzeitig den Gruppenzusammenhalt. Normabweichungen sind somit nicht nur intendiertes Handlungsziel, sondern sie resultieren durch einen Gruppenmechanismus. Diese Gruppen verlangen ihren Mitgliedern die Bereitschaft auch zur Übernahme besonderer Risiken ab. Spezifische Intragruppen-Prozesse und damit verbundene Gruppe-Umwelt-Interaktionen können, im sehr seltenen Extremfall, dazu führen, dass die Jugendlichen in solchen Gruppen kaum noch selbständig über ihre Verhaltensweisen entscheiden können.

Zusammenfassung

Die Zugehörigkeit zu einer Gruppe schafft und sichert soziale Identität. Dies resultiert meist aus der Aufwertung der Eigengruppe und der Abwertung der Fremdgruppe. Ist die Zugehörigkeit zu einer Gruppe exklusiv, gehören die Jugendlichen einer salienten und hoch identitätsrelevanten Gruppe an. Die an die Gruppe gebundene soziale Identität wird verhaltenswirksam und die Gruppenmitglieder fühlen sich der Gruppe zugehörig und verpflichtet. Dies führt zur Diskriminierung von Fremdgruppen und kann delinquente Verhaltensweisen beinhalten.

Gruppenzugehörigkeit erklärt jedoch nicht die Episodenhaftigkeit der Delinquenz im Entwicklungsverlauf, sondern stellt eher die Gelegenheitsstruktur und den Rahmen für entsprechende Aktivitäten dar (vgl. Matt 1995). Zu beachten ist zudem die gesellschaftliche und strukturelle Rückbindung von Gruppen, die nicht für sich bestehen. Umstritten ist derzeit, ob Personen mit besonderer Delinquenzneigung sich entsprechende Gruppen aussuchen (»Selektionsthese«) oder die Gruppen genuin eigenständigen und ursächlichen Einfluss auf die Praktizierung von Delinquenz ausüben (»Gruppen-Sozialisationsthese«). Am plausibelsten ist es, von einer Interaktion der beiden Tendenzen auszugehen.

4.3 »Broken Windows«

Der Ansatz der »Broken Windows« stellt weniger eine Theorie dar als vielmehr eine interventionsnah formulierte These zur Entstehung von Kriminalität. Sie wurde von zwei amerikanischen Kriminologen, James W. Wilson und George L. Kelling (1982; dt. 1996) vorgelegt. Im Zuge der in New York City in den 1990er-Jahren realisierten so genannten »Zero Tolerance«-Politik gelangte sie zu internationaler Bekanntheit. »Aufräumen wie in New York« wurde zum politischen Schlagwort (vgl. Brüchert/Steinert 1998). Die »Broken Windows«-These entspricht teilweise den Vorstellungen über die Entstehung von Kriminalität, die mit der Politik der Null-Toleranz verbunden sind. Dies gilt insbesondere für die Konzentration auf sozialräumliche und situative Zusammenhänge und Entstehungsbedingungen von Delinquenz. Sie wird nicht durch individuelles Handeln oder durch gesellschaftliche Faktoren erklärt, sondern durch besondere Merkmale in Wohnvierteln und Nachbarschaften. Deshalb kann die These einer Meso-Ebene zugeordnet werden.

Den argumentativen Kern der »Broken Windows«-These bildet eine Eskalationsannahme. Am Ausgangspunkt steht ein Kennzeichen für eine räumlich umgrenzte Schwächung formeller und insbesondere informeller sozialer Kontrolle. Hierauf bezieht sich das Symbol der zerbrochenen Fenster, der »Broken Windows«. Wilson und Kelling (1996, S. 124) zufolge »sind Unordnung und Kriminalität einer Gemeinde (›community‹) normalerweise unentwirrbar miteinander verknüpft – in einer Art ursächlichen Abfolge. Sozialpsychologen und Polizeibeamte stimmen darin überein, dass ein zerbrochenes Fenster in einem Gebäude, das nicht repariert wird, die Zerstörung der restlichen Fenster des Gebäudes innerhalb kürzester Zeit nach sich zieht«.

Der Hinweis Wilsons und Kellings auf die Verknüpfung von Unordnung und Kriminalität ist ihrer Annahme geschuldet, dass das Sicherheitsgefühl in einer Gemeinde, das Auftreten unscheinbarer Störungen und Kriminalität eng verbunden sind. Zur Begründung verweisen sie auf die persönlichkeits- und sozialpsychologische Annahme, Menschen handelten nicht erstrangig aufgrund überdauernder individueller Wesenszüge, sondern aufgrund situativ bedingter Handlungsoptionen. Zerbrochene Fenster dienen der These als Indikator einer geringen sozialen Kontrolle und damit einer schwachen Entdeckungs- und Sanktionierungswahrscheinlichkeit bei normwidrigem Verhalten. Dessen Auftretenswahrscheinlichkeit werde erhöht, wenn es den Handelnden unmittelbaren Nutzen und wenig negative Konsequenzen verspricht; es komme sukzessive zu mehr Unordnung und mehr Kriminalität.

Die durch geringe soziale Kontrolle ermöglichte Sichtbarkeit von Problemen führe zu einem Gefühl der Unsicherheit der Bewohner eines Viertels. Dies leite über zu deren sozialem Rückzug und zu weiterer Schwächung sozialer Kontrolle, wodurch schwere Formen von Devianz wahrscheinlicher würden. Wer gegen Kriminalität vorgehen will, muss demnach frühzeitig bei den unscheinbaren Vergehen ansetzen. Folglich sei auch gegen »Bettler, Betrunkene, Süchtige, randalierende Jugendliche, Prostituierte, Herumhängende und psychisch Kranke« (Wilson/Kelling 1996, S. 122) vorzugehen, um das Sicherheitsgefühl der Bevölkerung zu erhöhen und die Stärke informeller Kontrolle in einem Sozialraum zu demonstrieren.

In ihrer Konzentration auf Situationen und Räume anstatt auf »kriminogene« Persönlichkeitsmerkmale besitzt die These Anschlusspunkte zu dem auf Kriminalität angewendeten Rational-Choice-Ansatz (vgl. Lüdemann/Ohlemacher 2002, S. 145; s. Kap. 3.2): Zur Bekämpfung von Kriminalität und ihrer angenommenen Ursachen wird nicht auf die Beeinflussung persönlicher Dispositionen oder auf sozialpolitische Maßnahmen abgestellt, sondern auf eine Erhöhung der Entdeckungs- und Sanktionswahrscheinlichkeit bei Normverletzungen sowie der negativen Folgen einer Entdeckung. Im Kontext der Null-Toleranz-Strategien wurden auf dieser Basis insbesondere folgende Maßnahmen etabliert (vgl. Lüdemann/Ohlemacher 2002, S. 146ff.): Der Besitz von und der Handel mit illegalen Schusswaffen wurde zu unterbinden gesucht; kleine Vergehen wie Schwarzfahren oder Schulschwänzen wurden rigide verfolgt; Ordnungsvergehen wurden mit schwerwiegenden negativen Sanktionen belegt und möglichst systematisch verfolgt; Abweichende wurden gezielt stigmatisiert, etwa durch den Zwang, nach entsprechender Verurteilung bei gemeinnütziger Arbeit auffällige Kleidung zu tragen; soziale Brennpunkte wurden zum besonderen Zielpunkt von Interventionen; die Polizei wurde besser ausgestattet, reorganisiert und mit einer hohen Erfolgskontrolle und -erwartung konfrontiert; die Kooperation mit Bürgern, die die informelle Kontrolle in Stadtvierteln stärken sollten, wurde ausgebaut; die öffentliche Präsenz der Polizei wurde durch Neueinstellungen und durch vermehrte Fußstreifen erhöht; Strafgesetze wurden z.T. deutlich verschärft. Für New York City ergab sich eine reduzierte Kriminalitätsbelastung, deren genaue Ursachen allerdings umstritten sind (vgl. Dreher/Feltes 1997; Hess 1999; Ortner et al. 1998). Durch die relativ harte Negativsanktionierung auch kleiner Vergehen und ihre kompromisslose Verfolgung kam es zu zahlreichen Beschwerden über die Polizei und die Verletzung von Menschen- und Bürgerrechten. Von Wilson und Kelling (1996, S. 132) wurde derartiges als Möglichkeit antizipiert. Zudem zeigen die USA im internationalen Vergleich sehr hohe Inhaftierungsraten, die von einem hohen Niveau ausgehend in den 1990er-Jahren nochmals anwuchsen (s. Kap. 5.3). Angesichts der prinzipiellen Selektivität von Strafverfolgungsmaßnahmen wird deutlich, dass die rigiden Verfolgungsstrategien Angehörige von Randgruppen überproportional belasteten und zu einer massiven Kriminalisierung von Personen aus unteren Schichten führten (vgl. Wacquant 2000). Insbesondere im Umgang mit Jugenddelinquenz werden eine Bestärkung ordnungspolitischer Denkmuster und zunehmende Repressionsneigungen beklagt (vgl. Bittscheidt/Lindenberg 1998). Auf theoretischer Ebene ist zu bedenken, dass einfache Eskalationsannahmen zwar plausibel klingen mögen; bei der prospektiven Betrachtung von Devianzkarrieren erweisen sie sich allerdings als »Fehlannahme« (Walter 1998, S. 360). Aus unscheinbaren Formen von Devianz wird nur sehr selten »schwere« Kriminalität; Karriereverläufe sind überaus komplex und kaum zu prognostizieren, so dass die Symbolik der zerbrochenen Fensterscheiben und ihres nötigen Auswechselns an Grenzen stößt.

Zusammenfassung

Die These zeichnet sich durch eine (zu) einfache Grundstruktur aus. Wilson und Kelling unterstellen eine enge Assoziation des Sicherheitsgefühls in einem Stadtviertel, der Begehung kleiner Ordnungswidrigkeiten und dem Auftreten von Kriminalität. Sicherheitsgefühle und Kriminalitätsängste sind allerdings komplex, sie können nicht nur durch die tatsächliche Wahrscheinlichkeit, Opfer einer Straftat zu werden, erklärt werden (vgl. Boers 1991; Reuband 1999). Auch wäre genauer zwischen möglichen Arten der Nutzung öffentlicher Räume und deren spezifischen Einflüssen auf Devianz zu differenzieren (vgl. Wilcox et al. 2004). Diese Einwände zeigen, dass die Annahme einer Karriere von der Begehung einfacher Ordnungswidrigkeiten bis zum Auftreten »schwerer« Kriminalitätsformen problematisch ist, ob sich dies nun auf ein einzelnes Individuum oder auf räumliche Strukturen bezieht. Eine stringente empirische Bewährung der Annnahmen der »Broken Windows«-These insbesondere für deutsche Verhältnisse steht aus (vgl. Albrecht 1999, S. 368; Laue 1999, S. 284ff.). Ob das Muster der »Zero Tolerance«-Politik prinzipiell auf Deutschland übertragbar ist, stößt auf berechtigte juristische und kriminalpolitische Bedenken (vgl. Kunz 2004, S. 370ff.; Volkmann 1999).

Unstrittig scheint die Möglichkeit, durch kontextbezogene Überwachungs- und Kontrollmaßnahmen die Häufigkeit von Normverletzungen in einem Gebiet zu reduzieren. Entsprechende Präventionsmaßnahmen, die auf das Sicherheitsgefühl der Bevölkerung besonderen Wert legen, firmieren unter dem Stichwort »community policing« (Bässmann/Vogt 1997). Es besteht Uneinigkeit, ob es durch diese räumlich spezifizierten Maßnahmen nur zu einer Verlagerung oder zu einer tatsächlichen Reduktion von Devianz kommt (z.B. Brantingham/Brantingham 2003).

5. Abweichung als gesellschaftliches Problem

5.1 Anomietheorien

a) Durkheim

Der Begriff »Anomie« beschreibt den wichtigsten Ansatzpunkt, um abweichendes Verhalten auf gesellschaftstheoretischer Ebene zu erklären. Er weist eine längere Tradition auf (vgl. Orrù 1987) und wurde am Ende des 19. Jahrhunderts durch Arbeiten von Emil Durkheim im Zusammenhang mit dem Integrationsproblem moderner Gesellschaften als Thema der Devianzforschung aufgebracht.

Ausgangspunkt Durkheims waren die Fragen: »Wie geht es zu, dass das Individuum, obgleich es immer autonomer wird, immer mehr von der Gesellschaft abhängt? Wie kann es zu gleicher Zeit persönlicher und solidarischer sein?« (Durkheim 1996, S. 82). Nach Durkheim war Individualität zu einem Integrationsfaktor der Gesellschaft geworden, der für ihren Bestand unverzichtbar war. Es gab ein wechselseitiges Steigerungsverhältnis von sozialer Arbeitsteilung und Individualisierung.

Ältere Gesellschaftsformen, deren Integrationsmechanismen auch in jüngeren Gesellschaften nicht vollständig an Geltungskraft verloren, waren dadurch charakterisiert, dass sie relativ einfach und homogen strukturiert waren. Sie konfrontierten die Menschen mit ähnlichen Anforderungen der alltäglichen Lebensführung. Die Einzelnen fühlten sich einem gemeinsamen Moralsystem verpflichtet und waren durch *mechanische Solidarität* aneinander gebunden. Da keine legitimen Alternativen zu der bestehenden Moral gegeben waren, war die Bindung an die Werte und Normen der Kollektive, denen man angehörte, überaus hoch. Moderne Gesellschaften hingegen, die Durkheim primär interessierten, befinden sich in einem

Zustand, in dem das *Kollektivbewusstsein*[1] anders geprägt ist. Durch ein hohes Maß an Arbeitsteilung unterscheiden sich die Menschen in der Moderne relativ stark voneinander, sie empfinden sich weniger als Teil eines Ganzen als vielmehr als eigenständige Individuen. Dennoch sind sie nicht sozial isoliert und nicht nur durch Verträge wechselseitig gebunden. Derartige Thesen weist Durkheim zurück, denn stark arbeitsteilig organisierte Gesellschaften bedürfen nach wie vor moralischer Integration. Allerdings resultiert sie nicht mehr aus der Ähnlichkeit von Lebensformen und der Gemeinsamkeit von Lebensinhalten. Die Solidarität zwischen Menschen ist nun *organisch*. Wie es zu seiner Zeit üblich war, betrachtete Durkheim die Gesellschaft als einen Organismus, der in Analogie zu einem physiologischen Körper durch unterschiedliche Funktionserfordernisse gekennzeichnet ist. Die Integration der Gesamtheit erfolgt durch organische Solidarität, d.h. sie ergibt sich neben der Abhängigkeit, in der Menschen voneinander stehen, aus ihren vielfältigen sozialen Kontakten. Sie erleben zahlreiche Interaktionen und sind zur Sicherung ihrer Existenz, aber auch zur Gewährleistung ihrer Individualität, auf andere angewiesen. Trotz ihrer Autonomie leben sie »in einer gemeinschaftlich geteilten Welt« (Münch 2002a, S. 72).

Anomie beschreibt eine Störung dieser Solidarität. Sie meint nicht vorrangig Regel- oder Normlosigkeit, denn Regeln und Normen bestehen in anomischen Verhältnissen durchaus weiter. Entscheidend ist die fehlende Bindung von Menschen an sie. In seiner Studie zur »Arbeitsteilung« von 1893, die eben kurz charakterisiert wurde, behandelte Durkheim (1996, S. 421ff.) Anomie als eine anormale und pathologische Form der Arbeitsteilung. Die Organe haben im Zustand der Anomie nur ungenügenden Kontakt miteinander und ihre Leistungen sind nicht miteinander koordiniert, was beispielsweise in der Industrie oder in der Wissenschaft passieren konnte. Durkheim wehrte sich allerdings dagegen, dies als chronischen Zustand zu beschreiben; es handelte sich um Erschei-

1 Es ist als moralisches Ordnungsfundament einer Gesellschaft zu verstehen; in den Worten Durkheims (1996, S. 128): »Die Gesamtheit der gemeinsamen religiösen Überzeugungen und Gefühle im Durchschnitt der Mitglieder einer bestimmten Gesellschaft bildet ein umgrenztes System, das sein eigenes Leben hat; man könnte sie das gemeinsame oder Kollektivbewusstsein nennen«.

nungen, die nur »in bestimmten Fällen« auftreten (Durkheim 1996, S. 433).

In seiner 1897 erschienenen Monographie zum »Selbstmord« war Durkheim pessimistischer. Der zuvor noch vorherrschende »Integrationsoptimismus« (Tyrell 1985, S. 214) war revidiert, und Anomie war nun zumindest in einzelnen gesellschaftlichen Teilbereichen ein Dauerzustand (vgl. Durkheim 1973, S. 290). Sie wurde von Durkheim herangezogen, um abweichendes Verhalten, hier am Beispiel des Selbstmordes, zu begründen.

Zunächst stellte Durkheim über den Ausschluss anderer Ursachen fest, Selbstmord sei ein sozialer Tatbestand. Er unterschied dann vier Arten von Selbstmord, den egoistischen, den altruistischen, den anomischen und, von geringer Relevanz, den fatalistischen. Die ersten beiden Typen verweisen auf den Zustand gesellschaftlicher Integration, die letzten beiden auf den gesellschaftlicher Regulation (vgl. Pope 1976; Thome 2003). Ausgangspunkt der Konstruktion des anomisch bedingten Suizidtyps ist die Annahme, die Bedürfnisse des Menschen seien – bis auf wenige Bedürfnisse, die für die Existenzsicherung unabdingbar sind – an sich unbegrenzt. Sie bedürfen der äußeren und internalisierten Reglementierung. Ist diese in den anomischen Konstellationen der Gesellschaft nicht vorhanden, dann entfällt die notwendige Bedürfnisrestriktion, denn die Gesellschaft ist mit ihren Normen und Werten die einzige Autorität, die die Ziele des Menschen auf einem realistischen und zufrieden stellenden Niveau zu justieren vermag (vgl. Durkheim 1973, S. 283). Auf dieser Restriktion durch dem Menschen übergeordnete Moralbindungen liegt im Kontext der Anomiedarstellung der Schwerpunkt der Argumentation, nachdem Durkheim sich von der These verabschiedet hatte, die Arbeitsteilung führe nicht per se zu pathologischen Formen des sozialen Lebens (vgl. Baurmann 1999). Waren zuvor zahlreiche Kontakte zwischen den Menschen als Generator solidarischer und emotionaler Bindungen ausgearbeitet worden, so gewinnt später bei Durkheim die Regulierungsfunktion moralischer Autorität größere Bedeutung, ob sie nun durch die Gesellschaft oder durch ihre dem einzelnen Individuum übergeordneten Kollektive geschieht (vgl. Durkheim 1999, S. 41). Freie Individualität sollte damit nicht unterdrückt, sondern ermöglicht werden, denn sie entstamme moralischer Bindung (vgl. Durkheim 1973a, S. 105f.). Diese Bindungen waren allerdings nicht mehr vorauszusetzen; Anomie repräsentierte nicht mehr in erster Linie eine vorübergehende Störung der Arbeitsteilung, sondern defizitäre Bindungswirkungen moralischer Strukturen. Die Bedürfnisse und Aspirationen der Einzelnen blieben unreguliert und sie lebten im Zustand der Unzufriedenheit. Ihre Position in der Gesellschaft könne damit nicht sinnhaft erfahren werden, Normen würden nicht akzeptiert und das Kollektivbewusstsein sei geschwächt. Zu erwarten war dies nach Durkheim insbesondere durch raschen sozialen Wandel. Stellte sich ein ungewöhnlich hohes Maß an Macht und Reichtum ein oder litten die Menschen an schmerzhaften Krisen, so waren ihre Bedürfnisse unreguliert und die Gesellschaft in einem anomischen Zustand (vgl. Durkheim 1973, S. 287ff.). Dies zeige sich in bedeutsamen Erhöhungen von Selbstmordraten. Blieb die gesellschaftliche Ordnung hingegen konstant, so schütze sie vor Selbstmord. Etwa kontinuierlich gegebene Armut wirke, wie Durkheim (1973, S. 289f.) annahm, als protektiver Faktor vor Suizid, denn die Wünsche und Mittel des Menschen waren in diesem Fall aufeinander abgeglichen.

Das Beispiel des Selbstmordes zeigt, dass Durkheim Devianz als soziale Erscheinung wahrnahm. Auch andere Formen von Abweichung, etwa Mord oder Diebstahl, begründete er durch Bezug auf Fragen gesellschaftlicher Integration (vgl. Durkheim 1999, S. 156ff.). Devianz gab es angesichts ihrer Abhängigkeit vom Kollektivbewusstsein für ihn nicht per se, sondern nur als soziale Erscheinung. Sie war sozial verursacht und sozial definiert, denn erst aus der Aufstellung sozialer Normen und durch ein Kollektivbewusstsein ergibt sich Devianz (vgl. Durkheim 1996, S. 129ff.; 1961, S. 159). Vom Kollektivbewusstsein aus wird bestimmt, was als Normalität und was als Abweichung gilt.

In der Konsequenz wurde von Durkheim auch der gesellschaftliche Umgang mit Devianz auf das Kollektivbewusstsein bezogen. Die Bestrafung von Verbrechen »dient nicht oder nur sehr zweitrangig dazu, den Schuldigen zu korrigieren oder mögliche Nachahmer einzuschüchtern. (...) Ihre wirkliche Funktion ist es, den sozialen Zusammenhang aufrechtzuerhalten, indem sie dem gemeinsamen Bewusstsein seine volle Lebensfähigkeiten erhält« (Durkheim 1996, S. 159). Nicht an die Abweichenden, sondern an die Konformen richte sich Bestrafung. Konforme könnten sogar etwas lernen, wenn Menschen sich nicht an Normen hielten. Das Kollektivbewusstsein war nicht fest gelegt, sondern änderte sich. Hielten sich Menschen nicht an bestehende Normen und Werte, so zeige dies möglicherweise, dass diese ihre Gültigkeit verloren haben und durch andere zu ersetzen sind. Die kommende Moral werde damit durch die Devianz antizipiert und das Moralsystem flexibel gehalten (vgl. Durkheim 1961, S. 160). Abweichungen gehören zur gesellschaftlichen Normalität; sie machen den Zustand der moralischen Integration und die Gültigkeit von Normen bewusst, sie halten das Kollektivbewusstsein flexibel, besitzen Innovationsfunktionen und nehmen eventuell eine neue Moralordnung vorweg.

b) Merton

Die Thesen Durkheims waren der Anlass für eine weit verzweigte und bis heute andauernde Anomieforschung (z.B. Adler/Laufer 1995; Bohle 1975; Oberwittler/Karstedt 2004, S. 93ff.; Ortmann 2000). Von Robert K. Merton stammt die wichtigste Modifikation der Thesen Durkheims. Merton übernahm einzelne Argumentationsprinzipien Durkheims, insbesondere indem er auf die Relation von kulturell bedingten Aspirationen und strukturell gegebenen Mitteln zu ihrer Erreichung verwies; dabei verfolgte er allerdings ein eigenständiges Programm (vgl. Münch 2004, S. 15ff.). Genauer legte Merton zwei Anomiekonzepte vor (vgl. Albrecht 1981).

Einerseits bezog sich Merton (1938, S. 672f.) auf Anomie innerhalb der Kultur einer Gesellschaft. Kulturell definierte Ziele waren im Normalfall integriert mit den Normen, die regulierten, wie diese Ziele auf legitime Weise zu erreichen sind. Klafften sie auseinander, so handelte es sich um Anomie als »imbalance between cultural goals and institutional norms at the level of *culture patterning*« (Orrù 1990, S. 234). Dem wurde in der Rezeption relativ wenig Aufmerksamkeit geschenkt im Vergleich zu der zweiten Variante von Anomie.

Merton (1938, S. 676) ergänzte, andererseits, die den Einzelnen zur Verfügung stehenden Mittel, um ihre Ziele zu erreichen. Er polarisierte kulturelle Ziele und strukturell verfügbare Mittel, um Anomie als Konsequenz ihrer Disbalance zu erschließen. Die Kultur interpretierte er als »strukturierte Menge der allen Mitgliedern einer bestimmten Gesellschaft oder sozialen Gruppe gemeinsamen normativen Werte« (Merton 1995, S. 156). Die Sozialstruktur sei zu verstehen als »strukturierte Menge der ganz unterschiedlich gearteten sozialen Beziehungen (...), in welchen die Mitglieder der Gesellschaft oder Gruppe zueinander stehen (Merton 1995, S. 156). Mertons zentrale These lautet: Abweichendes Verhalten ist »soziologisch als ein Symptom der Dissoziation von kulturell vorgeschriebenen Ansprüchen und sozial strukturierten Wegen zur Realisierung dieser Ansprüche« anzusehen (Merton 1995, S. 130). Merton wehrte sich dabei gegen die nahe liegende Vermutung, Menschen würden, wenn ihnen die Option legitimen Verhaltens versperrt ist, rational eine Form illegitimen Verhaltens zeigen, wie dies in Theorien der rationalen Wahl unterstellt wird (s. Kap. 3.2). Gegen diese Thesen postulierte er, dass die Betreffenden einem besonderen Druck unterliegen, und zwar einem »*akuten* Druck« (Merton 1995, S. 170), der durch die Diskrepanz zwischen den Zielen und Mitteln entstehe. Besonders wahrscheinlich werde damit nicht-rationales oder irrationales Verhalten. Es ergibt sich aus dem Anomiedruck, unter dem der Einzelne angesichts gesellschaftlicher Anomie stehen kann.

Hatte bereits Durkheim für den Fall gesellschaftlicher Anomie auf ein besonderes Maß individueller Frustration hingewiesen, so argumentierte Merton vergleichbar, indem er stresshafte Zustände des Individuums unterstellte. Für Anomietheorien ist diese stresstheoretische Annahme charakteristisch (vgl. Albrecht/Howe 1992, S. 724). Allerdings zeigen stresstheoretische Modelle die Komplexität der entsprechenden Vorgänge (s. Kap. 3.4). Makrostrukturelle Einflüsse stellen nur einen Erklärungsfaktor neben anderen dar, um individuellen Stress zu erklären. Ferner sind zwischen gesellschaftlicher Anomie und der individuellen Betroffenheit von ihr (»Anomia«; vgl. Srole 1956) Vermittlungsprozesse über verschiedene Zwischenstufen des sozialen Lebens zu bedenken.

Merton thematisierte diese Probleme in devianztheoretischer Sicht nicht systematisch. Wie Durkheim argumentierte er vorrangig auf einer abstrakten Ebene und war nicht daran interessiert, das Auftreten einzelner devianter Handlungen zu erhellen. Es ging ihm um »the social genesis of the varying rates and types of deviate behavior" (Merton 1938, S. 676). Ohnehin dachte er nicht, sein Anomiekonzept könne alle Arten von Devianz erklären (vgl. Lamnek 1999, S. 116). Die Ausführungen Mertons stellen weniger den Versuch dar, stringent durch gesellschaftliche Anomie individuelles Fehlverhalten zu erklären, als vielmehr den Versuch, Anomie als einen maßgeblichen Bedingungsfaktor von Devianzraten plausibel zu machen. So war für Merton offensichtlich, dass als Folge von Anomie unterschiedliche Verhaltensoptionen in Betracht kommen, konforme wie deviante. Merton suchte sie durch ein deskriptives Schema zu erschließen, das fünf Anpassungsarten nennt. Kommt es zu der beschriebenen Divergenz von Zielen und Mitteln, so zeigt dies eine soziale Spannung an. Aus ihr resultiert Anomie bzw. Anomia, und hieraus wiederum ergeben sich die einzelnen Anpassungsarten (vgl. Albrecht 1981, S. 340). Sie beziehen sich nur auf individuelle Verhaltensoptionen, nicht auf kollektive bzw. gruppenbezogene, die Merton nicht bedachte (vgl. Bohle 1975, S. 34).

Zu dem Schema gelangte Merton, indem er von kulturellen Regulationsnormen absah und entweder die Annahme oder Ablehnung der Ziele und/oder Mittel unterstellte. Es ergeben sich fünf Typen von Verhaltensweisen in spezifischen Situationen – nicht von Personen (vgl. Merton 1938, S. 767). Merton nannte sie Konformität, Innovation, Ritualismus, Rückzug und Rebellion:

1. *Konformität:* Ziele und Mittel werden akzeptiert. Es kann sich deshalb nicht um Devianz im eigentlichen Sinne handeln, aber um den häufigsten Anpassungstypus. Er zeigt, dass gesellschaftliche Missstände nicht per se individuelles Fehlverhalten zur Folge haben müssen.
2. *Innovation:* Die kulturellen Ziele werden akzeptiert, die Mittel zu ihrer Erreichung aber abgelehnt. Beispielsweise kann der Wunsch, einen Wertgegenstand zu kaufen, im Falle von Geldmangel durch einen Diebstahl »ersetzt« werden.

3. *Ritualismus:* Die Ziele werden abgelehnt, die Mittel aber beibehalten. Der Typus ist zwar unscheinbar, da die Abweichung kaum sichtbar wird, allerdings gilt er als besonders risikoreich für das Bestehen sozialer Systeme. Sie können durch Ritualismus gleichsam ausgehöhlt werden.
4. *Rückzug:* Ziele und Mittel werden abgelehnt. Die Betreffenden ziehen sich von der Gesellschaft zurück, ohne ihre enttäuschten Aspirationen durch alternative Mittel erreichen zu wollen.
5. *Rebellion:* Ziele und Mittel werden abgelehnt, aber durch neue ersetzt. Die bestehende Gesellschaftsform wird negiert und radikaler Wandel erstrebt. Es geht nicht um eine Reform der Gesellschaft, sondern es soll eine neue Ordnung herbeigeführt werden.

Dem Typus der Innovation wurde in der Forschung die größte Aufmerksamkeit zuteil. U.a. wurde versucht zu erklären, weshalb Angehörige unterer Schichten überproportional häufig wegen krimineller Taten bezichtigt und verurteilt werden. Folgt man Merton, so kann finanzieller Erfolg als kulturweit gültiges Ziel interpretiert werden. Allerdings fehlen Mitgliedern unterer Schichten im gesellschaftlichen Konkurrenzkampf die Mittel, um ihn auf konforme Weise zu erreichen. Die Betreffenden stünden in der Konsequenz unter einem besonderen Druck zu Abweichungen, die dadurch erklärbar scheinen als Versuch, das akzeptierte Ziel durch ein illegitimes Mittel zu erreichen.

Die These ist allerdings umstritten. Es ist möglich, dass Angehörige unterer Schichten nicht tatsächlich häufiger delinquent sind, sondern ihre Delinquenz öfter entdeckt und anders bearbeitet wird. Es ist eine stärkere Belastung durch Kriminalisierungsprozesse zu bedenken, wenn sie regelmäßiger offiziell auffällig werden und häufiger und intensiver bestraft werden als andere. Zumindest Tendenzen einer höheren Delinquenzbelastung bei einzelnen Delikten scheinen allerdings zuzutreffen (vgl. Albrecht/Howe 1992; Geißler 1994; Ludwig-Mayerhofer 2000).

Ein anderes Beispiel für Versuche, Anomietheorien zu konkretisieren, resultierte aus dem Versuch, durch sie den Konsum von Drogen zu erklären. Wie im Kapitel 3.1 beschrieben, verweisen

Cloward und Ohlin auf grundlegende Notwendigkeiten, um deviantes Verhalten zeigen zu können: Erforderlich sind der Zugang zu illegitimen Mitteln, der kompetente Umgang mit ihnen und ihre Einsetzbarkeit in bestimmten Kontexten (vgl. Cloward 1968; Cloward/Ohlin 1960). Dieser Gedanke einer illegitimen Chancenstruktur erwies sich als überaus fruchtbar, da er zeigt, dass abweichendes Verhalten voraussetzungsvoller ist, als oftmals unterstellt wird. Um Drogen dauerhaft zu konsumieren, muss man Zugang zu ihnen haben, sie applizieren können und ihre Wirkungen – wie der Etikettierungstheoretiker Becker (1981) ausführte – in einem Lernprozess genussvoll erfahren. Dies geschieht bei den meisten Konsumenten in sozialen Situationen, etwa im Beisein von Freunden – ein Sachverhalt, der mit Cloward und Ohlins Berücksichtigung gruppenbezogener Devianzformen zu erhellen sein könnte. Allerdings misslingt deren Versuch, Drogenkonsum zu erklären, da von einer »*double failure*«-These ausgegangen wird (vgl. Cloward 1960, S. 179): Drogenabhängigkeit resultiere aus einem Scheitern mit legitimen und illegitimen Mitteln. Mit dieser These wird zwar verbreiteten Vorurteilen über Drogenabhängigkeit entsprochen, aber die Prozesshaftigkeit und Komplexität der Entwicklung einer Drogenkarriere werden ebenso wenig bedacht wie die stets aktive Selbstbeteiligung von Konsumenten (vgl. Dollinger/Schneider 2005).

Die beiden Beispiele zeigen Schwachstellen von Anomietheorien, sie können aber nicht so interpretiert werden, als sei trotz gravierender Bedenken gegen die entsprechenden Annahmen die Anomietheorie widerlegt. Es handelt sich lediglich um Anwendungsversuche, deren unzureichende Umsetzung nicht die Theorie insgesamt hinfällig werden lässt. Es wird aber deutlich, wie schwierig eine empirische Prüfung ist. Dies wird auch an einer neueren Variante der Anomietheorie kenntlich.

c) »Anomie in der modernen Gesellschaft«

Die Anomietheorien Durkheims und Mertons besitzen bis heute Anziehungskraft. In komplexen Gesellschaftsformen und ihrer funktional hochgradig ausdifferenzierten Struktur scheint es plausibel, anomische Fehlentwicklungen anzunehmen, die mit Devianz in Verbindung stehen. Entsprechend unternehmen Bohle, Heitmeyer, Kühnel und Sander (1997) den Versuch, »Anomie in der modernen Gesellschaft« durch eine zeitgemäße Anpassung und Differenzierung der Vorgaben Durkheims und Merton zu erschließen. Anomie definieren sie als »Disbalance *eingespielter* Verhältnisse zwischen den *relativen Aspirationsniveaus* gesellschaftlicher Teilgruppen und den darauf *eingepassten Zugangsregelungen* und Realisationsmöglichkeiten verschiedener gesellschaftlicher Funktionsbereiche« (Bohle et al. 1997, S. 57).

In der Definition wird deutlich, dass globale, gesellschaftsweite Aussagen über anomische Verhältnisse kaum noch möglich sind. Moderne Gesellschaften sind in ihrer komplexen Struktur zwar krisenanfällig, aber auch relativ krisenresistent (vgl. Dollinger 2004): Da einzelne gesellschaftliche Teilsysteme, pointiert ausgedrückt, relativ unabhängig sind und durch eigenständige Funktionslogiken operieren, ist eine Übertragung krisenhafter Störungen von einem in ein anderes Teilsystem unwahrscheinlich, wenngleich dies nicht ausgeschlossen werden kann. Immerhin müssen dazu verschiedene Teilbereiche wie auch Ebenen der Gesellschaft bedacht werden. Dieser Komplexität suchen Bohle et al. (1997, S. 59) nachzukommen, indem sie in ihrem Modell folgende Ebenen differenzieren: gesellschaftliche Teilsysteme, Integrationsmodi, kollektives/institutionelles Agieren und individuelles Verhalten.

- Auf der Ebene *gesellschaftlicher Teilsysteme* verweisen die Autoren auf »weitreichende Wandlungs- und Modernisierungsprozesse« (Bohle et al. 1997, S. 58), die nicht einheitlich und synchron, sondern je nach Bereich unterschiedlich und insgesamt asynchron verlaufen. Sozialer Wandel ist, einfacher ausgedrückt, komplex und eine differenzierte Gesellschaft bringt die Tatsache mit sich, dass sich einzelne Gesellschaftsbereiche nicht gleichartig entwickeln und verändern.
- Die damit angedachten Strukturverschiebungen verändern die gesellschaftlichen *Integrationsmodi.* Es könne zu Veränderungen in der Sozialstruktur (z.B. zu Statusbedrohungen), zu Verschie-

bungen von Werten, Normen und Aspirationen (z.B. zur Auflösung von Verbindlichkeiten) und schließlich zu Modifikationen sozialer Beziehungen (z.B. zur Erosion sozialer Netze) kommen. Somit seien gesellschaftliche Regulationskrisen, Kohäsionskrisen und Strukturkrisen denkbar.

- Auf der Ebene des *kollektiven bzw. institutionellen Agierens* sind interpersonelle soziale Bindungsformen relevant. Sie könnten anomische Tendenzen auf den anderen Ebenen im günstigen Fall außer Kraft setzen, möglich sei aber auch die Durchsetzung z.B. einseitig systemisch geprägter Funktionslogiken, so dass materialistische Wertvorstellungen überhand gewinnen könnten.
- Auf der Ebene des *Individuums* schließlich könnten sich, je nach der Verarbeitung von oder Gegenwirkung gegen Fehlentwicklungen auf den abstrakteren Ebenen, Anomia und Devianz einstellen.

Wurde oben bereits erwähnt, wie schwierig eine empirische Evaluation von Anomietheorien ist, so ist sie hier nahezu ausgeschlossen. Am Beispiel der Interpretation der Entwicklung offiziell registrierter Kriminalität in Deutschland kommt Albrecht (1997, S. 544) zu der Aussage, anomietheoretische Interpretationen ließen »allenfalls mehr oder weniger plausible Spekulationen« zu. Man hat zu bedenken, dass neben kurzfristigen und langfristigen anomischen Trends ihre Auswirkungen in einzelnen Gesellschaftsbereichen, die Verarbeitungsweisen auf einzelnen Ebenen der Gesellschaft und Verschränkungen einzelner Funktionsbereiche zu bedenken wären. Dabei müssten Gewichtungen vorgenommen werden, denn selbst innerhalb eines Sektors der Gesellschaft können sehr unterschiedliche Entwicklungen auftreten. Wie wäre im Wirtschaftssystem z.B. eine Krise im Handel gegenüber einer erfolgreichen Landwirtschaft zu bewerten, ab wann wäre von Anomie zu sprechen, mit welchen Folgewirkungen für welche Personengruppen, mit welcher zeitlichen Relevanz und mit welchen Rückwirkungen auf andere Bereiche der Gesellschaft? Zudem können Krisen entstehen, weil ein Teilbereich der Gesellschaft besonders erfolgreich operiert; etwa hohe Unternehmensgewinne können erzielt werden, wenn Lohn-

und Personalkosten reduziert und damit Belastungen der sozialen Integration generiert werden. Sozialpolitische Gegenmaßnahmen könnten dann von der Wirtschaft unter Hinweis auf zu hohe Belastungen des »Faktors Arbeit« als Anomie gedeutet werden, während von Seiten der Arbeitnehmer die Sozialpolitik im Gegenteil gerade als Bearbeitung von Anomie empfunden würde. Dies verdeutlicht, dass die Rede von »Anomie« normative Bewertungen mit sich führt und die Krisenrhetorik von bestimmten Ordnungsvorstellungen über »normale« Integrationsverhältnisse abhängt.

Abgesehen von dieser normativen Schlagseite sind Anomietheorien entweder zu grobmaschig, so dass zahlreiche Operationalisierungen erfolgen können, oder sie sind derart komplex, dass eine empirische Überprüfung aus praktischen Gründen ausscheidet. Erfolg versprechender erscheint es für eine empirische Erörterung, den Abstraktions- und Komplexitätsgrad zu reduzieren, um historisch langfristige Trends der Begehungshäufigkeit einzelner Deliktarten mit spezifischen gesellschaftlichen Entwicklungen in Verbindung zu bringen (vgl. Thome 2001; 2003). Damit kann allerdings nicht erklärt werden, warum *einzelne* Menschen *bestimmte* Formen von Devianz zeigen.

5.2 Desintegration

Ähnlich wie Anomietheorien versuchen Theorien der Desintegration, gesellschaftliche Missstände als Ursache von Devianz nachzuweisen. Im Zuge rechtsextremistischer Vorfälle zu Beginn der 1990er-Jahre in Deutschland wurde ein Modell öffentlichkeitswirksam, das versuchte, Rechtsextremismus durch Desintegration zu erklären. Daneben fand es Anwendung auf gewaltbereite Fußballfans, Jugendkriminalität, Fundamentalismus und Gewalt. Es wurde z.T. durch umfangreiche empirische Studien untersucht. Formuliert wurde es von Wilhelm Heitmeyer.

Ausgangspunkt ist die Feststellung, moderne Gesellschaften befänden sich in einem radikalisierten Individualisierungsprozess. Die entsprechenden Thesen Ulrich Becks (1986) werden zugrunde gelegt, um eine fundamentale Krise der Gesellschaft zu illustrieren.

Während Individualisierungsprozesse nach Beck auch positive Folgen zeitigen könnten und Ambivalenz zu einem Kennzeichen des modernen Lebens werde, beschreibt Desintegration die negativen Konsequenzen von Individualisierung. Desintegration tritt in zwei Spezifikationen auf (vgl. Heitmeyer et al. 1995, S. 56ff.): Als kulturelle Desorientierung sowie als strukturelle Desorganisation. Dies wird weiter unterteilt in drei Dimensionen:

1. *Erodierende Wert- und Normsysteme* beziehen sich auf Desorientierung. Das für die gesellschaftliche Bestandserhaltung nötige Mindestmaß allgemein anerkannter Werte und Normen werde durch Pluralisierungsvorgänge aufgelöst. Wachsende individuelle Freiheiten werden deshalb begleitet von der zunehmenden Unmöglichkeit intersubjektiver Verständigung.
2. *Die Auflösung sozialer Beziehungen und Lebenszusammenhänge* betrifft Desorientierung und Desorganisation. In Familien etwa komme es zu strukturellen und qualitativen Veränderungen. Familienstrukturen würden pluraler und Kinder seien immer häufiger auf sich gestellt. Emotionale Wärme und Anerkennung ohne Leistungsbezug würden seltener, was für soziale Beziehungen insgesamt zu diagnostizieren sei.
3. *Defizite bei der Teilnahmebereitschaft an gesellschaftlichen Institutionen* wird unter Desorganisation subsumiert. Heranwachsende gewännen seltener Bezug zu zentralen gesellschaftlichen Einrichtungen und Institutionen. Emotionale und verhaltensbezogene Unsicherheiten seien die Folge, wobei Verunsicherung positiv oder negativ erfahren werden könne: Positiv als Stimulierung, negativ als eine Paralysierung, die v.a. zu Passivität führe, oder als eine Überwältigung, die zu sinnlosen Bewältigungsversuchen führe.

In Teilen wird damit der Ausgangspunkt von Anomietheorien übernommen. Bereits Durkheim hatte Individualisierung im Zusammenhang mit Anomie und der Entstehung von Normabweichungen besprochen (vgl. Kippele 1998, S. 84ff.). Ferner wird von Heitmeyer direkt Bezug genommen auf die Anomieansätze Durkheims und Mertons (vgl. Heitmeyer et al. 1995, S. 56f.). Eine Änderung ergibt sich aus der Anpassung ihrer Theorien an moderne Individualisierungsvorgänge, die eine besondere »Eskalationsentwicklung« (ebd., S. 57) mit sich brächten, und aus der sozialisationstheoretischen Wendung ihrer Vorgaben. So wird am Beispiel der Entstehung von Rechtsextremismus angenommen, dass im Prozess der Sozialisation unter den Bedingungen gesellschaftlicher Desintegration Heranwachsende mit rechtsextremistischen *Orientierungsmustern* ausgestattet würden (vgl. Heitmeyer 1990, S. 239f.; Heitmeyer et al. 1992, S. 13). Sie implizieren eine *Ideologie der Ungleichheit* und *Gewaltaffinität*. Erst wenn beides zusammen trifft, handelt es sich um entsprechende Muster, denn Ungleichheitsannahmen seien kulturell vergleichsweise weit verbreitet, während Gewalt seltener befürwortet oder realisiert werde. Dies betrifft auch die Geschlechtsspezifik gewalttätigen Rechtsextremismus, da Gewaltaffinität typischerweise eher von Männern und männlichen Heranwachsenden befürwortet werde (vgl. Heitmeyer 1990, S. 241).

Während z.B. von Adorno und Mitarbeitern Rechtsextremismus mit überstabilen (familialen) Sozialisationsmustern und einer durch sie bedingten autoritären Persönlichkeitsstruktur erklärt wurde (vgl. Winkler 2000, S. 50ff.), gehen Heitmeyer und Mitarbeiter umgekehrt von erodierenden Bindungsformen aus. Stabile interpersonelle Zugehörigkeiten lösten sich, trotz weiter bestehender Milieuzugehörigkeiten (vgl. Heitmeyer et al. 1995, S. 33ff.; S. 187ff.), im Zuge sozialen Wandels und radikalisierter Individualisierungsvorgänge immer mehr auf. Die aus kollektiven Lebenszusammenhängen herausgehobenen und tradierter kultureller Orientierungssicherheiten enthobenen Jugendlichen seien nun auf eine »konkurrenzfixierte Einzelexistenz« (ebd., S. 44), auf Jugendkulturen oder anderweitige Formen der Einbettung angewiesen. Vereinigungen Heranwachsender etwa könnten nur kurzfristige Erfahrungen sozialer Bindung gewährleisten und jugendliche Mitglieder devianter Gruppierungen seien biographisch von Desintegrationserfahrungen tangiert, die durch die entsprechenden Bindungsformen nicht auszugleichen seien.

Den Gruppen wird damit kein primärer Erklärungswert für Rechtsextremismus zuerkannt. Die für Subkulturtheorien (s. Kap. 4.1) einschlägige Frage, ob Menschen mit bestehender Devianzneigung sich selektiv in für sie charakteristischen Gruppen zusammenfinden oder ob die Gruppen Devianz bedingende Effekte leisten, wäre mit Heitmeyer zugunsten der Selektionsthese zu beantworten. Für das Auftreten abweichenden Verhaltens sind nicht gruppeninterne Prozesse maßgeblich, sondern makrostrukturell bedingte Sozialisationsprobleme. Dies wird verdeutlicht durch die Unterscheidung von Gleichaltrigen*gruppen* und Gleichaltrigen*szenen* (vgl. Heitmeyer 1992a, 115). In den Gruppen seien Jugendliche noch teilweise zu kollektivem Handeln auf der Basis eines Wir-Gefühls in der Lage. Dies könne allerdings nur noch zeitlich begrenzt erfolgreich sein. Vor allem in Städten gewännen Szenen Gleichaltriger an Bedeutung, die keine positiven Gruppenbindungen mehr leisteten. Sie seien flexibel, wechselhaft und mobil, also durchdrungen von den Funktionslogiken der industriellen Gesellschaft. Jugendlichen würden statt solidarischer Sozialbindungen egoistische Bestrebungen vermittelt, die durch biographisch immer früher einsetzende Konkurrenzerfahrungen gesteigert werden. Es komme zu den Verarbeitungsweisen der machiavellistischen Selbstdurchsetzung einerseits, und der auf das eigene Kollektiv und seine scheinbar »natürlichen« Eigenschaften (Nationalität, ethnische Zugehörigkeit) bezogenen Selbstbehauptung andererseits.

Am Beispiel der Erklärung von Rechtsextremismus zeigen sich Verschiebungen der Argumentationsweise. 1984 wurde eine quantitative empirische Studie mit 959 Jugendlichen durchgeführt, in der Rechtsextremismus als Problem der Sozialisation in einer desintegrierten Gesellschaft diskutiert wurde (vgl. Heitmeyer 1992). Zu diesem Zeitpunkt wurde noch davon ausgegangen, vor allem Formen objektiver Desintegration führten zu Rechtsextremismus, also z.B. die formelle Ausgeschlossenheit vom Ausbildungs- und Arbeitsmarkt. Dies konnte empirisch nicht bestätigt werden (vgl. Tonn 1998). Insgesamt ist die Annahme, Heranwachsende ohne Ausbildungsplatz oder Arbeitsstelle seien überdurchschnittlich häufig delinquent, angesichts realiter komplexer Zusammenhänge und aufgrund empirischer Erkenntnisse zu hinterfragen (vgl. Schumann 2002).

In einer qualitativen Studie, der so genannten »Bielefelder Rechtsextremismus-Studie« (vgl. Heitmeyer et al. 1992), wurde deshalb eine aus der Industriesoziologie stammende Alternativhypothese erörtert. Ihr zufolge sei nicht formale Desintegration, sondern inhaltliche Desintegrationserfahrung relevant, um Rechtsextremismus zu erklären. Dazu wurde zwischen *instrumentalistischen* und *sachlich-inhaltlichen Arbeitsorientierungen* unterschieden und eine *Instrumentalisierungsthese* formuliert. Ihr zufolge seien die Erfahrungen, die Jugendliche in Ausbildung und Beruf machen, entscheidend für ihre Nähe zu oder Distanz von Rechtsextremismus. Sachlich-inhaltliche Arbeitserfahrungen vermittelten einen positiven Sinn an der Tätigkeit und sie leisteten konstruktive Identitätsoptionen. Instrumentelle Arbeitserfahrungen hingegen seien prinzipiengleich mit rechtsextremistischen Orientierungsmustern: »So wie im Arbeitsbereich die Tätigkeiten und sozialen Arbeitsbeziehungen instrumentalistisch betrachtet werden, so werden in rechtsextremistischen Orientierungen, v.a. in fremdenfeindlichen Positionen, die jeweiligen Menschen instrumentalistisch betrachtet, ethnisch sortiert, politisch selektiert; kurz: es geht um ökonomische, soziale, rechtliche Verfügung über andere« (Heitmeyer et al. 1992, S. 574). Da der These zufolge die instrumentalistischen ebenso wie die rechtsextremistischen Orientierungen in Zusammenhang mit makrostruktureller Desintegration stehen, werden von gesellschaftlichen Prozessen intrapsychische Sinnverweisungen deduziert. Es wird kritisiert, dies verkürze die tatsächliche Komplexität subjektiver Welterfahrung und Lebensgestaltung (vgl. König 1998).

Zusammenfassung

Theorien der Anomie und Desintegration zeigen, dass Devianz nicht nur ein Problem von Individuen, Gruppen oder Organisationen ist, sondern umfassende gesellschaftliche Hintergründe zu berücksichtigen sind. Es wird Wert gelegt auf sozialen Wandel, seine problembehafteten Dimensionen und die Komplexität pluraler und individualisierter Gesellschaftsformen. Dabei wird Anomie oftmals weniger als Theorie im engeren Sinne denn als »sensitizing concept« (Thome 2003, S. 37) verstanden. Dieser Ausgangspunkt war überaus anregend für eine Vielzahl theoretischer und empirischer Studien, die in der jüngeren Vergangenheit wieder an Gewicht gewonnen haben.

Der weite Bezugsrahmen bringt allerdings besondere Probleme mit sich. Entgegen ihrer augenscheinlichen Plausibilität sind die Theorien nur schwer empirisch zu prüfen und theoretisch stringent zu formulieren (vgl. Messner 2004, S. 107). Welche Modelle gesellschaftlicher Ordnung und »Normalität« zugrunde zu legen sind, ist umstritten, so dass eine Vielzahl an Entwürfen konkurriert. Insbesondere Individualisierung gilt als ein problematisches, da komplexes und empirisch nicht belegtes bzw. belegbares, Erklärungsmuster sozialer Prozesse und devianter Verhaltenstendenzen (vgl. Friedrichs 1998; Dollinger 2002, S. 121ff.).

Folgenreich ist die Mehrebenenproblematik anomietheoretischer Aussagen: Entweder man begnügt sich damit, statistische Zusammenhänge zwischen gesellschaftlichen Entwicklungen und Devianzraten zu erhellen, oder es ist zu klären, warum nur bestimmte Menschen von gesellschaftlichen Problemen in besonderer Weise betroffen sind (vgl. Winkler 2000, S. 58). Zudem werden in den Theorien nicht selten gruppenbezogene Lebensweisen übersehen, die insbesondere bei Heranwachsenden bei der Ausübung von Devianz von großer Bedeutung sind. Außerdem wird nicht immer berücksichtigt, dass Menschen eigenständige Interpretationen der sozialen Welt zeigen und abweichendes Verhalten mit besonderen subjektiven und sozialen Bedeutungen versehen ist. Dieser schon gegen Durkheims Studie zum Selbstmord vorgebrachte Einwand (vgl. Douglas 1973) ist prinzipiell bedeutsam als Kritik an Anomie- und Desintegrationstheorien. Sie setzen Abweichungen als eigenständige Tatsache voraus, während Fragen der Genese, Darstellung und Bedeutung von Normen meist ausgeblendet bleiben.

5.3 Sozialraum, Milieus und Lebensstile

Zusammenhänge zwischen Jugendkriminalität und sozialen Einflussgrößen in Familie, Schule und delinquenten Peer-Groups gelten als allgemein bestätigt. Doch ob diese Zusammenhänge in verschiedenen Subpopulationen der Gesellschaft ganz unterschiedlich wirksam sind – d.h. verstärkt oder abgeschwächt auftreten –, ist gerade vor dem Hintergrund sich funktional-differenzierender und pluralisierender Gesellschaftsstrukturen zu reflektieren.

Im Bereich der jugendlichen Delinquenz bestehen deutliche sozialräumliche Differenzen: Die Herkunft von Tätern oder Opfern ist mit Blick auf Tatorte oft vergleichsweise eindeutig bestimmbar und zugänglich: Es findet sich ein starkes Stadt-Land-Gefälle im

Regionalvergleich und eine Kriminalitätskonzentration in Großstädten (vgl. Wetzels et al. 2001; Oberwittler/Köllisch 2003). Auf Stadtviertelebene lassen sich teilweise Zusammenhänge zwischen einer Häufung von Einwohnern mit niedrigem sozioökonomischen Status, hoher Arbeitslosigkeit, hoher Ausländerrate, schlechter Infrastruktur und erhöhter Kriminalitätsbelastung feststellen (vgl. Friedrichs 1985; Oberwittler 1999; Ludwig-Mayerhofer 2000). Allerdings sind die bisherigen sozialräumlichen Ergebnisse anhand von Aggregatdaten (Region, Stadt, Stadtviertel) nur bedingt generalisierbar. Die Gültigkeit solcher Ergebnisse sind spätestens seit der fundamentalen Kritik von Albrecht und Howe (1992) fraglich: Die vermeintlichen Zusammenhänge weisen auf Aggregatebene nur teilweise Stabilität auf und bestätigen sich anhand von Dunkelfelddaten nur selten bzw. fallen nur sehr schwach aus. Die Resultate erscheinen zumindest teilweise als Artefakte eines mehrstufigen, selektiven Etikettierungsprozesses, der sich in den amtlichen Statistiken niederschlägt.

Stabil und replizierbar sind hingegen milieu- und lebensstilspezifische Differenzen. Die soziologische Ungleichheitsforschung (vgl. Hradil 1999; Geißler 2002) thematisiert den Zusammenhang zwischen sozialstrukturellem Status und individuellem Verhalten. In diesem Kontext wird auch kriminelles bzw. abweichendes Verhalten diskutiert (vgl. Merton 1995; Heitmeyer et al. 1995; Boers/Pöge 2003; Raithel 2004c). Die Sozialstrukturanalyse der letzten beiden Jahrzehnte war in hohem Maße durch die These des Bedeutungsverlustes von Klasse und Schicht bestimmt. Anfang der 1980er-Jahre begann in der Soziologie eine Diskussion um grundlegende Veränderungen der Sozialstruktur in modernen Gesellschaften unter dem Eindruck zunehmender Individualisierungs- und Pluralisierungsprozesse. Im Rahmen der Modernisierungsentwicklung kommt es, so die These, zu neuen sozialen Ungleichheiten (vgl. Kreckel 1983, Hradil 1983) sowie zu einem Bedeutungsverlust von ökonomischen Faktoren (vgl. Beck 1983, S. 1986).

Die angenommene vertikale Strukturierung der Gesellschaft anhand ökonomischer Determinanten wie Einkommen, Berufsstruktur usw. wird nicht mehr als ausreichend empfunden, obwohl ihr Einfluss nach wie vor Gültigkeit besitzt (vgl. Geißler 1996). Milieus oder Lebensstile sind neue Ansätze zur Analyse von sozialer Ungleichheit, die der veränderten Sozialstruktur Rechnung tragen wollen, indem sie subjektive Faktoren wie Werte, Konsum- oder Freizeitstile und Alltagsästhetik als Basis für sozialstrukturelle Differenzierungen verwenden. Milieu- oder Lebensstilkonzepte ermöglichen eine differenziertere Erfassung von sozialer Ungleichheit jenseits der klassischen Ungleichheitsmerkmale Einkommen, Bildung und Beruf der Schichtmodelle.

Um sich nun dem Forschungsfeld der neueren Ungleichheitsforschung zu nähern, bietet Hradil (1992, S. 31ff.) eine Systematisierung, welche davon ausgeht, dass die Struktur moderner Gesellschaften durch vier miteinander verbundene, gleichwohl für sich unabhängige, objektive und – das ist wohl die wesentliche Neuerung – subjektive Faktoren gebildet wird, die sich in den folgenden Begriffen widerspiegeln:

- Als *soziale Lage* wird die Gesamtheit einer gruppentypischen Ausstattung mit kurzfristig nicht veränderbaren »objektiven« Voraussetzungen des Handelns bezeichnet. Dazu zählen unter anderem Ressourcen wie Geld und Macht oder Wohnbedingungen, aber auch potenziell einschränkende Zwänge wie Arbeitsplatzangebot, soziale Vorurteile sowie Risiken.
- Das *soziale Milieu* beschreibt die Ebene, auf der bereitstehende Handlungsvoraussetzungen zu Handlungsmitteln werden. Es ist als Verschränkung objektiver und subjektiver Faktoren zu verstehen, da sich hierin durch die Wahrnehmung, Interpretation, Nutzung und Gestaltung der objektiven Ressourcen im Kontext von Gemeinden, beruflicher und familiärer Umwelt bereitstehende Handlungsvoraussetzungen zu genutzten Handlungsmitteln verdichten.
- *Subkultur* thematisiert latent-subjektive Handlungsziele. Es werden soziokulturelle Gruppierungen über ihre Normen und Werte definiert, die ihre Verhaltensweisen beeinflussen.
- Im *Lebensstil* gerinnen schließlich vor dem Hintergrund dieser Faktoren Entscheidungs-, Wahl- und Routinierungsprozesse zu eigenständigen manifest-subjektiven Verhaltensregelmäßigkeiten.

Erlauben diese analytischen Unterscheidungen zwar eine erste Beschreibung der Strukturierungsprozesse in modernen Gesellschaften, so ist nicht zu übersehen, dass die Begrifflichkeiten »Milieu« und »Lebensstil« nicht immer einheitlich und zum Teil auch synonym verwendet werden (z.B. Schulze 1992; Vester et al. 2001; 2001; hierzu Müller 1992).

In der empirischen Lebensstilforschung finden sich grob zwei Richtungen, die sich nach den Dimension *Mentalität* oder *Performanz* unterscheiden lassen (Spellerberg 1996, S. 76f.):

- zum einen ein *bedürfnis-werttheoretisches Lebensstilkonzept*, das Werten, Einstellungen und Lebensplänen eine zentrale Bedeutung für Lebensstile beimisst (vgl. Becker/Nowak 1982; Mitchel 1983; Gluchowski 1987; Richter 1989) und
- zum anderen ein *verhaltens- bzw. performanzbezogenes Lebensstilkonzept*, das davon ausgeht, dass sich Lebensstile in erster Linie durch ihren Aktivitätsgehalt, durch sichtbare Verhaltensweisen, expressive Stilisierung und manifeste Alltagsästhetik auszeichnen (vgl. Bourdieu 1982; Lüdtke 1989; Schulze 1992; Spellerberg 1996; Georg 1998; Ulbrich-Herrmann 1998).

Unter dem Eindruck sozialer Individualisierung und Pluralisierung finden Wert-, Milieu- und Lebensstilansätze auch in der (jugend-)kriminologischen Forschung ein wachsendes Interesse (z.B. Heitmeyer et al. 1995; Ulbrich-Herrmann 1998; Hermann/Dölling 2001; Boers/Pöge 2003; Raithel 2004a).

So wurden in der Untersuchung zur Gewaltbereitschaft von Jugendlichen von Heitmeyer et al. (1995) Milieus als eigenständiges Sozialstrukturmodell und unabhängige Variable auf Grundlage der »SINUS«-Werte-Milieus (vgl. Flaig et al. 1993) verwendet. Dabei stellten Heitmeyer et al. (1995, S. 163) fest, dass einige Ursachenmuster für Gewaltbefürwortung und Gewalttätigkeit milieutypisch sind und ihre Ursache somit in der spezifischen Zusammensetzung der Milieus liegt. Das Milieukonzept ermöglicht eine verbesserte Ursachenforschung von devianten Verhaltensweisen, da es eine deutlich differenzierte Erfassung von sozialstrukturellen Rahmenbedingungen vornimmt.

Ebenfalls ausdifferenzierte Befunde auf Basis eines performanzbezogenen Lebensstilansatzes liefern die Analysen zum delinquenten Verhalten von Ulbrich-Herrmann (1998) und Raithel (2004a). Die lebensstilbasierte Erklärungskraft zur Jugendgewalt vergleicht Ulbrich-Herrmann (1998) mit den Ergebnissen des Milieuansatzes von Heitmeyer et al. (1995) und erlangt für das Gewalthandeln eine 3-mal bessere Vorhersage als der Milieuansatz von Heitmeyer (vgl. Ulbrich-Herrmann 1998, S. 171). In der Studie von Raithel (2004a) erweist sich der hedonistische Lebensstil als der insgesamt am meisten mit Kriminalität belastete. So gaben knapp drei Viertel der hedonistischen Jugendlichen für die letzten 12 Monate mindestens eine Gewalttat an. Auch gut die Hälfte der »Hedonisten« verübte in dem gleichem Zeitraum mindestens eine Sachbeschädigung (inkl. Graffiti). Einen Ladendiebstahl gaben knapp 40% der Jugendlichen der hedonistischen Lebensstilgruppe an. Hingegen ist der hochkulturelle Lebensstil der am wenigsten belastete. Diese Befunde decken sich mit denen von Ulbrich-Herrmann (1998, S. 140ff.), welcher den passiv-resignativen sowie Outfit-orientierten Lebensstil als mit Gewalt am stärksten assoziiert konstatiert und den hochkulturellen Lebensstil als »kriminalitätsimmun«.

Untersuchungen zu Wertorientierungen zeigen ebenfalls einen starken Zusammenhang zwischen hedonistischer Orientierung und Delinquenzbelastung (vgl. Heitmeyer et al. 1995, S. 232; Hermann/Dölling 2001; Boers/Pöge 2003).

Der hedonistische Lebensstil ist vor allem unter männlichen Jugendlichen zu beobachten und der größte Anteil hiervon sind Hauptschüler. In sozialstruktureller Hinsicht ist in der Herkunftsfamilie eine unterdurchschnittliche Bildungsaspiration festzustellen, zudem sind hier die meisten Eltern ohne Schulabschluss zu finden (vgl. Raithel 2004a). In dieser Konstellation fallen deutliche geschlechtsspezifische und soziale Ungleichheiten auf.

Zusammenfassung

Die Ausdifferenzierung der Gesellschaft erfolgt nicht nur in vertikaler Richtung (nach Schichten) sondern immer mehr in horizontaler Richtung. Die Milieu- und Lebensstilkonzepte tragen dieser Entwicklung Rechnung, indem sie Differenzierungen über die Schicht hinaus abbilden. Milieus und

Lebensstile sind dabei unterschiedliche Konzeptionen; während Milieus über Wertorientierungen und »klassische« Ungleichheitsmerkmale konstruiert werden, basieren Lebensstile zumeist auf expressiven Stilisierungen (Verhaltensweisen) und manifester Alltagsästhetik.

Gewaltbefürwortung und Gewalttätigkeit gelten für bestimmte Milieus oder Lebensstile als typisch. Hier besteht eine gewisse Ähnlichkeit zur Subkulturtheorie, doch hat eine Subkultur einen gemeinsamkeitsstiftenden identifikativen Charakter, was bei den Milieus und Lebensstilgruppen nicht der Fall ist; dort handelt es sich zwar auch um Personen mit Mentalitäts- oder Performanzaffinität, dies aber unabhängig von anderen Personen und somit ohne Gruppenbewusstsein.

Problematisch an der Milieu- und Lebensstilkonzeption ist die relative operationale Willkürlichkeit, da eine Standardisierung der Parameter nicht existiert. Je nachdem, welche Wertorientierungen oder expressiven Stilisierungen für die empirische Generierung einer Typologie herangezogen werden, unterscheiden sich die ermittelten Typen. Dadurch wird die Vergleichbarkeit unterschiedlicher Studien erheblich erschwert und die Aussagekraft der Befunde relativiert. Auch ist die Uneindeutigkeit, ob Milieus oder Lebensstile mit klassischen Ungleichheitsmerkmalen wie Einkommen, Bildung und Beruf in Beziehung stehen oder unabhängig davon sind, für eine Ergebniskonsolidierung erschwerend, wenngleich die hier vorgestellten Befunde Hinweise auf einen Zusammenhang geben.

5.4 Makrostrukturell begründete Etikettierung

In Kapitel 3.5 wurden Etikettierungstheorien beschrieben, die vorrangig auf der Ebene des Individuums argumentieren. Sie behandeln den interpersonellen Aushandlungsprozess, in dessen Verlauf Etiketten wie »Kriminalität«, »Gewalt«, »Drogenabhängigkeit« u.ä. auf menschliches Verhalten und damit auf Personen angewendet werden. Ihr Betrachtungsfokus liegt auf der situativ bedingten Zuschreibung negativer Labels, aus der im Zeitverlauf abweichende Karrieren werden können.

Diese Theorien wurden in den 1970er-Jahren der Kritik ausgesetzt, sie vernachlässigten bei einer Überbetonung von Situationsvariablen die sozialstrukturelle Rückbindung der Zurechnungen (vgl. Boogart/Seus 1991, S. 25f.). Es wurde angemahnt, dass Etikettierungen nicht beliebig erfolgen und nicht primär durch die Situationen und Kontexte, in denen Abweichungen diagnostiziert werden, zu erklären sind. Hinter festzustellenden Handlungen gibt es eine zweite, den Akteuren meist unbewusste Realität mit eigenen Regeln, einen »*second code*« (MacNaughton-Smith 1975). Es bleibt bei der Prämisse, dass Abweichungen je nach Interessen und Machtverfügung definiert und entsprechende Labels in sozialen Prozessen angewendet werden, aber dies wird in makrostrukturellen Etikettierungstheorien gesellschaftstheoretisch fundiert. In diesem Sinne stellt Quinney (1970, S. 15) fest: »Crime is a definition of human conduct that is created by authorized agents in a politically organized society«. Die bekanntesten Modelle beziehen sich auf marxistisch-interaktionistische und diskurstheoretische Ansätze.

a) Marxistisch-interaktionistische Theorien

Marxistische Theorien gehen, einfach ausgedrückt, von sozialen Ungleichheiten aus, die dem ökonomischen Produktionsgefüge einer Gesellschaft korrespondieren. Diese Theorien argumentieren nicht insgesamt etikettierungstheoretisch. Sie verweisen z.T. auf eine Verursachung von Devianz, etwa durch Folgewirkungen kapitalistischer Produktionsbedingungen und der durch sie bedingten Entfremdung oder Verelendung des Einzelnen. Dem entspricht eine ätiologische Ursachenkonstruktion, da Devianz als objektive Tatsache zu erklären gesucht wird (vgl. Smaus 1986, S. 183f.).

Marxistische Etikettierungstheorien hingegen gehen von Abweichung als Zuschreibung aus. Da die Gesellschaft in unterschiedliche Klassen mit spezifischen Interessen und divergenter Artikulationsfähigkeit aufgeteilt ist, wirken Zuschreibungen abweichenden Verhaltens – meist wird Kriminalität bedacht – wie soziale »censures« (Sumner 1992). Diese reproduzieren bereits bestehende Grenzlinien in der Gesellschaft und definieren legitimes ebenso wie illegitimes Verhalten. Wie die Definition von Abweichungen, so ist auch die Anwendung von Devianzlabels durch die Macht der herrschenden Klassen dominiert. Etikettierungen folgen deshalb einer immanenten Funktionslogik. Durch deren wissenschaftliche Rekonstruktion soll die in empirischen Studien bestätigte Selektivität von Instanzen sozialer Kontrolle – in deren Fokus vorrangig Angehörige unterer Klassen und Randgruppen geraten –mit einer marxistischen Gesellschaftstheorie begründet werden.

Im Einzelnen unterscheiden sich die Theorien beträchtlich (vgl. F. Peters 1997, S. 61). Es werden nachfolgend mit Fritz Sack und Gerlinda Smaus zwei Ansätze genannt, die in Deutschland größere Bedeutung erlangten.

Nach *Fritz Sack* (1974, S. 469) ist Kriminalität ein »negatives Gut«, das in Abhängigkeit von Macht und Definitionsmöglichkeiten vor allem Angehörigen unterer gesellschaftlicher Gruppierungen zugeteilt wird. Um diesen Zuweisungscharakter zu betonen und um sich von ätiologischen Theorien zu distanzieren, spricht Sack (1972, S. 17) von einer »marxistisch-interaktionistischen Position«. Ihr zufolge werden Etiketten der Abweichung ausgehandelt und nach Prinzipien zugewiesen, die durch eine marxistische Gesellschaftstheorie zu erschließen sind. Ausgangs- und Schwerpunkt der Argumentation ist nicht die marxistische Theorie, sondern die radikal gemeinte Absetzung von ätiologischer Ursachenforschung. Dies betrifft neben rein ätiologischen Theorien auch ätiologisch gehaltvolle Etikettierungstheorien wie diejenige Tannenbaums, Lemerts oder Beckers, die – wie oben (s. Kap. 3.5) dargestellt – einen »ätiologischen und ›Warum‹-Rest« (Sack 2002, S. 42) mit sich führen. Denke man die erkenntnistheoretische Prämisse konsequent zu Ende, dass die Wirklichkeit ein genuin soziales Produkt sei, so seien nicht Ursachen von Normabweichungen zu untersuchen. Es gelte vielmehr, den Vorgang der Wirklichkeitsherstellung durch die Verwendung von Devianzkonstrukten zu erhellen. Was z.B. Kriminalität ist und was nicht, liegt nicht objektiv beschreibbar vor. Wird sie »diagnostiziert«, so handelt es sich nicht um eine Beschreibung, also um *Deskription*. Es handelt sich um eine *Askription*, d.h. um eine Zuschreibung, die Abweichung erst hervorbringt (vgl. Sack 1972, S. 20ff.). Dies erfolgt allerdings nicht beliebig aufgrund nur situativer Rahmenbedingungen. Es wird eine marxistische Gesellschaftstheorie zugrunde gelegt, um die Interessen zu erschließen, die die Zuweisung von Devianzetiketten gleichsam organisieren.

Diese werden nicht nur im Prozess formeller Etikettierung durch offizielle Kontrollinstanzen wirksam, sondern auch im Alltag. Der wiederholt auftretende Vorwurf, Etikettierungstheorien konzentrierten sich übermäßig auf formelle, z.B. gerichtliche, Instanzen der Strafverfolgung (z.B. Fischer 2001, S. 110ff.), wurde von Sack frühzeitig widerlegt. Gemäß der sprachtheoretischen Grundlage seiner Ausführungen finden auch im Alltag askriptive Aushandlungen von Abweichungen statt (vgl. Sack 1972, S. 24f.). Allerdings gibt Sack zu bedenken, dass Menschen in der Gesellschaft mit unterschiedlicher Macht und (Amts-)Autorität ausgestattet sind, so dass ungleiche Chancen bestehen, Labels der Abweichung durchzusetzen. Es stehen sich bei der Aushandlung entsprechender Etiketten nicht nur konkurrierende Perspektiven, sondern auch unterschiedlich machtvolle Definitionsmöglichkeiten gegenüber.

Vorausgesetzt wird dabei, dass Wertesysteme komplex und Normen strittig sind. Zuschreibungen zeigen den Versuch, durch die Durchsetzung partikularer und interessenabhängiger Moralformen Ungleichheiten zu reproduzieren und diskrepante Machtverteilungen zu legitimieren. Unter Verweis auf Michel Foucault, Norbert Elias und Gerhard Oestreich verweist Sack (1993, S. 30ff.) dabei auf das Konzept der »Sozialdisziplinierung«. Es sei geeignet für die Analyse von Kriminalisierungsprozessen und belege die politische Qualität von Etikettierungen sowie ihren Beitrag zur Herstellung gesellschaftlicher Realität. Diese resultiere vor allem aus impliziten und unbewussten Regeln, nach denen Menschen ihr Verhalten ausrichten. Durch kritisch orientierte wissenschaftliche Analyse könnten diese Regeln bewusst gemacht werden (vgl. Sack 2002, S. 45). Interessen an der Erhaltung sozialer Ungleichheit und der durch sie bedingten Etikettierungen könnten auf diese Weise aufgedeckt werden.

Relativ konkrete Hinweise auf die Erforschung derartiger Interessen und durch sie begründeter Etikettierungsregeln gibt *Gerlinda Smaus* (1986; 1998). Gleichfalls auf der Grundlage einer marxistisch-interaktionistischen Theorie sucht sie zu erschließen, dass Kriminalität ein interpersonell ausgehandeltes Etikett ist, das objektive Eigenschaften besitzt. Sie kommen nach empirisch feststellbaren Regeln zustande. Um dies grundlagentheoretisch zu erläutern, nimmt Smaus auf Giddens' Theorie der Strukturierung Bezug. Nach Giddens ist es nicht angezeigt, soziale Strukturen und individuelles Handeln zu polarisieren. »Konstitution von Handelnden und Strukturen betrifft nicht zwei unabhängig voneinander gegebene Mengen von Phänomenen – einen Dualismus –, sondern beide Momente stellen eine Dualität dar« (Giddens 1988, S. 77). Menschen können ihm zufolge aktiv und intentional auf Umstände einwirken und Objektivität generieren, während sie ihr zugleich unterliegen.

Smaus legt dies zugrunde, um Kriminalität als objektive und zugleich subjektive Realität zu beschreiben. Sie geht mit der interaktionistischen Etikettierungstheorie davon aus, dass Handlungen in spezifischen Kontexten auftreten, die darüber entscheiden, ob es sich z.B. um Kriminalität handelt (vgl. Smaus 1986, S. 181). Allerdings sei dies ergänzungsbedürftig. Neben anderen Kritikpunkten verweist Smaus (ebd., S. 182) darauf, es sei zu erklären, welcher inneren Logik Etikettierungen folgen. Dazu bedürfe es einer gesellschaftstheoretischen Erweiterung der interaktionistischen Theorie, um über die Struktur von Zuschreibungen und ihre systematische Verbindung mit ungleicher (Definitions-)Macht Aufschluss zu gewinnen. Die deshalb unternommene marxistische Fundierung der Etikettierungstheorie soll zudem die Tatsache korrigieren, dass marxistische Theorien »keinen Begriff der Kriminalität« haben (ebd., S. 183) und z.T. Allianzen mit ätiologischen Vorstellungen eingingen.

Die durch diese Verbindung von Interaktionismus und Marxismus gewonnene Theorie geht gleichzeitig (im marxistischen Sinne) von einer objektiv strukturierten Welt und (im interaktionistischen Sinne) von subjektiven Interpretationen aus. Im Rekurs auf Giddens konstatiert Smaus, es bestehe hierbei kein Widerspruch, denn »einerseits ermöglichen soziale Strukturen als Mittel das Handeln, andererseits werden sie durch das menschliche Handeln konstituiert bzw. reproduziert« (ebd., S. 186).

Dieses theoretische Instrumentarium wird eingesetzt, um Kriminalität und ihre Konstruktion im Rahmen einer gegebenen Gesellschaftsformation zu analysieren. Konkret soll von der Analyse von Kriminalität auf die Gesellschaft geschlossen werden. Ähnlich der Vorgehensweise der objektiven Hermeneutik wird angenommen, durch die Analyse von Kriminalisierungsbedingungen könne die Tiefenstruktur der Gesellschaft in ihren objektiven Regeln eruiert werden (ebd., S. 188f.). Dies besitzt bei Smaus zwei Seiten, die sich auf die »Struktur« als objektive Gegebenheit der Gesellschaft und auf die »Strukturierung« als den Prozess ihrer Herstellung beziehen (ebd., S. 189ff.; vgl. Lamnek 1997, S. 168ff.).

Diese Perspektiven einer gesellschaftstheoretischen Etikettierungstheorie sind an einem Beispiel zu erläutern. Es wurde in Kapitel 5.1 darauf hingewiesen, dass Angehörige unterer Schichten relativ häufig als kriminell auffällig und bestraft werden. Dabei wurde Mertons Annahme vorgestellt, derzufolge Mitglieder der Unterschicht häufiger kriminelle Handlungen begehen. Mit der marxistisch fundierten Etikettierungstheorie wäre dem entgegen zu setzen, dass das Etikett Kriminalität auf diese Personen zwar häufig angewendet wird, dass Aussagen über »wirkliche« Belastungen durch Deliktbegehung aber irrelevant sind. Im Gegenteil würden Ursachenkonstruktionen interessengeleitet hergestellt, um Benachteiligte sozial auszuschließen (vgl. Cremer-Schäfer 2002). Armut werde als Ursache von Kriminalität behauptet, um Arme dazu zu bringen, die gegebene Normalität und Ungleichheit der Gesellschaftsstruktur anzuerkennen und »auch die unvorteilhaftesten Positionen auf dem Arbeitsmarkt anzunehmen« (Smaus 1986, S. 191). Arme sollen, mit anderen Worten, ihre unterprivilegierte Lage anerkennen, ansonsten müssten sie, bei Zuwiderhandlung und Widerstand gegen die entsprechenden Moralkonstruktionen, mit negativen Sanktionen und Kriminalisierung rechnen.

In diesem Sinne wird darauf hingewiesen, dass Kriminalisierungsbedingungen nicht durch das Auftreten von Handlungen, die als kriminell gelten (können), verursacht sind (vgl. Christie 1995). Bspw. kam es in den Vereinigten Staaten von Amerika seit Ende der 1970er-Jahre zu einem deutlichen Anwachsen von Inhaftierungsraten. Die Zahl der Inhaftierten in nationalen Gefängnissen wurde zwischen 1978 und 1994 mehr als verdreifacht (vgl. Kuhn 1996, S. 56). Diese Kriminalisierung ging primär zu Lasten von Personen, die einen relativ rangniedrigen sozialen Status aufwiesen. Western und Beckett (1998, S. 175) berechneten für die Mitte der 1990er-Jahre, dass die Arbeitslosenquote bei Männern um 2% höher ausgefallen wäre, wären die Inhaftierten dem amerikanischen Arbeitsmarkt zur Verfügung gestanden. Es handelte sich zumeist um ungelernte, relativ junge und gesunde Männer, häufig um Afroamerikaner. Diese wurden insbesondere durch eine Ausweitung der Inhaftierungen durch Drogengesetze sanktioniert (vgl. Wacquant 2000, S. 71), allerdings ohne dass die Häufigkeit von Drogenkonsum – wie aus repräsentativen Erhebungen zum Gebrauchsverhalten deutlich wird – angestiegen wäre. Beckett (1997) belegt für die Jahre von 1986 bis 1992, dass die Raten des erstmaligen Konsums illegaler Drogen einen längerfristigen Rückgang zeigten, während gleichzeitig die mediale und politische Aufmerksamkeit für Drogenkonsum deutliche Schwankungen aufwies, die in keiner Verbindung zu den Konsumraten standen. Ähnlich eruiert sie, dass das politische, mediale und öffentliche Interesses für Kriminalität von ihrer bekannten empirischen Häufigkeit unabhängig war.

Die öffentliche Sichtbarkeit von Devianz und die Kriminalisierung von Verhaltensweisen folgen demnach Logiken, die nicht oder nicht vorrangig durch empirisch erschließbare Devianzraten zu erklären sind. Kommt es zu einer Verschärfung von Kriminalisierungsprozessen, so kann damit z.B. das politische Interesse verbunden sein, durch »Governing through Crime« (Sack 2004) Handlungskompetenz zu belegen und gleichzeitig von anderen Politikbereichen abzulenken. Derartige Strategien gehen in der Regel zu Lasten benachteiligter Kreise, die keine wirkmächtigen Gegenstrategien aufzubauen in der Lage sind. Da steigende Inhaftierungsraten überproportional häufig Angehörige unterer Schichten betreffen, spricht Cremer-Schäfer (1995, S. 114) von »Ausschließungsdiskursen«, durch die Personengruppen von der »legitimen« Teilhabe am gesellschaftlichen Leben abgehalten werden. Wie Cremer-Schäfer und Steinert (1997) vermuten, erfolge dies dann durch vergleichsweise sanfte Kontrollformen, etwa durch Sozialpädagogik und Sozialarbeit, wenn Arbeitskräfte relativ rar sind und alle Menschen gesellschaftlich integriert werden sollen (und können). In den Zeiten hingegen, in denen diese Voraussetzungen nicht gelten, erscheine es legitim, bei den etikettierten Personen in höherem Maße strafrechtlich zu intervenieren.

Tatsächlich weisen nicht nur die USA, sondern auch die meisten Länder der Europäischen Union in den letzten Jahrzehnten steigende Inhaftierungsraten auf (vgl. Hofer 2004). Bei dieser anwachsenden Straflust ist allerdings zu bedenken, dass Punitivität ein vielschichtiges Phänomen ist (vgl. Kury et al. 2004). Sie vorrangig mit der (fehlenden) »Brauchbarkeit« des Einzelnen als Arbeitskraft und mit der Abschirmung zentraler gesellschaftlicher Ressourcen durch das Strafrecht zu erklären, ist unterkomplex (vgl. Sutton 2004).

Wie Lamnek (1997, S. 201) bezüglich der Theorie von Smaus anmerkt, ist zudem zu fragen, ob es legitim ist, die ätiologische Dimension der Begehung von Devianz auszublenden. Smaus geht explizit auf die (auch) objektive Seite von Kriminalität ein, so dass es folgerichtig sein muss, nach ihren Ursachen zu suchen. Nicht zuletzt wird in entsprechenden Theorien gesellschaftlichen Variablen (Macht, Arbeitsmarktstrukturen, Staatsbürgerschaft usw.) genuin objektiver Status zuerkannt (vgl. hierzu Woolgar/Pawluch 1985).

b) Diskurstheorie

Eine Perspektive der Theoretisierung von abweichendem Verhalten, die in jüngerer Vergangenheit erneut an Bedeutung gewann, verweist auf Michel Foucault. Kriminalität wird als machtbesetzte »diskursive Praxis« (Althoff 2002) interpretiert. Ausgehend von Foucaults diskursanalytischen Arbeiten wird davon ausgegangen, Abweichung sei nicht per se existent. Sie wird generiert durch den Diskurs, in dem über sie gesprochen wird und gewinnt damit erst in einem kulturell (und massenmedial) begründeten Prozess »Realität« (vgl. Dotter 2002).

Foucault verfolgte diesbezüglich unterschiedliche Perspektiven. Sie sind mit drei Machtformen assoziiert, die jeweils unterschiedliche Arten bestimmen, wie Devianz hervorgebracht wird. Sie können als Souveränität, Disziplin und Gouvernementalität bestimmt werden: »Grob umrissen basiert die juridische Macht der *Souveränität* auf repressiven Techniken der Kontrolle eines *Territoriums*, während die nationalstaatliche, administrative *Disziplinargesellschaft* Individuen durch systematische Überwachung kontrolliert, sie als Subjekte und Objekte des Wissens gleichermaßen hervorbringt und, verbunden mit entsprechenden *Körper*-Praktiken, unterwirft. *Gouvernementalität* schließlich bezieht sich nicht mehr auf ein bestimmtes, begrenztes Territorium. Es bezeichnet einen Mechanismus des ›Regierens aus der Distanz‹« (Krasmann 1999,

S. 109). Die drei Machttypen beschreiben vorherrschende Arten der Ausübung von Macht, die sich nicht gegenseitig ausschließen. Eine Form dominiert, während andere an Bedeutung verlieren, aber erhalten bleiben. Rezipiert zur Theoretisierung von Devianzkonstruktionen wurden insbesondere der Typus der Disziplin und der Gouvernementalität.

Die ersten beiden Machttypen systematisierte Foucault (1998) in seiner 1975 erstmals erschienen Studie »Überwachen und Strafen«. Die *Souveränität* beschreibt die dramatische und öffentliche Zurschaustellung von Bestrafungen. Sie dominierte bis in das 18. Jahrhundert. Vergehen wurden als Angriffe auf die Souveränität des Herrschers interpretiert.

Als die *Disziplin* bzw. Disziplinarmacht im 18. Jahrhundert die Souveränität zu überlagern begann, war dies nur oberflächlich eine Humanisierung des Umgangs mit Devianz. Faktisch wurde die lückenhafte und mit öffentlichem Aufruhr verbundene dramatische Machtausübung durch effektivere Kontrollmethoden ersetzt (vgl. Foucault 1998, S. 101). Nicht nur die Bestrafung, auch die Verbrechen änderten sich in diesem Zeitraum; sie wurden weniger intensiv, aber dafür häufiger (ebd., S. 95f.). Der Delinquent wurde »als Mensch« entdeckt, es wurde Wissen um sein Wesen und seine Biographie etabliert, um ihn als Disziplinarmenschen hervorzubringen. Es kam zu einer »Rationalisierung« der Kriminalität und der Bestrafung. Die Betreffenden konnten rehabilitiert werden, wenn sie sich den Regeln der Gesellschaft (wieder) unterwarfen, nachdem ihre Schuld verbüßt war. Das Gefängnis symbolisiert dabei die Möglichkeit, Strafen über ihre genau taxierte Dauer in ein Prinzip der Verhältnismäßigkeit mit dem Wesen und der Tat des Delinquenten zu setzen. Das Gefängnis kennzeichnet für Foucault allerdings nicht nur einen Modus des Strafens. Es bezeugt den Machtmodus der Disziplin, der mit spezifischem Wissen über den Delinquenten einher geht. Normabweichungen werden biographisch erläutert; eine ätiologische Biographie des Übeltäters wird durch diese Wissensformen und den Blick auf ihn nicht nur abgebildet, sondern hervorgebracht (ebd., S. 357, S. 389). Foucault nennt drei Wirkungsmechanismen dieser Machtform (ebd., S. 220ff.): *die hierarchische Überwachung* von Menschen, die *normierende Sanktion* und die *Prüfung*, die die ersten beiden Mittel kombiniert. Das symbolische Kennzeichen der Disziplinarmacht ist das Panoptikum, eine von Bentham erdachte, kreisrunde Gefängnisarchitektur, die es erlaubt, von einem Mittelpunkt aus alle Bereiche jederzeit einzusehen.

In jüngerer Vergangenheit gewann die *Gouvernementalität* im Kontext der Analyse von Devianz und ihrer Bearbeitung größere Bedeutung (z.B. Kessl 2005; Krasmann 1999; 2003). Gemeint ist eine Anleitung von Denkweisen, die in der Regel unscheinbar und aus der Ferne operiert. Garland (1996, S. 454) spricht von »governing-at-a-distance«. Im Zentrum steht nicht mehr die disziplinierende Unterwerfung des Einzelnen und seine Einpassung in ein Set vorgegebener Normen. Intendiert ist die Nutzbarmachung seiner Potentiale und die Hervorbringung einer wohl kalkulierten Freiheit. Es werden Möglichkeitsräume für Handlungen definiert, auf deren genauere inhaltlich-normative Bestimmung verzichtet wird, solange grundlegende Prinzipien gesellschaftlicher Sicherheit beachtet werden. Diese Sicherheitsgewährleistung und die gleichzeitige kontrollierte Freiheitsermöglichung sind Kernpunkte der Studien, die Prozesse der Gouvernementalisierung untersuchen (vgl. Bröckling et al. 2000; Burchell et al. 1991). Im Devianzbereich erscheinen Abweichungen zunehmend entweder als Handlungen eines rationalen Akteurs oder als Ausdruck eines zur Risikokalkulation unfähigen, »bösartigen« Täters (vgl. Lemke 1997, S. 228ff.). Treten kleinere Formen von Abweichung innerhalb der durch Sicherheitsdispositive konturierten Grenzen auf, so werden sie der Verantwortung und Risikokompetenz des Einzelnen übertragen oder therapeutisch »eingehegt« wie im Falle der akzeptierenden Drogenarbeit (vgl. Schmidt-Semisch 2000). Bei »gefährlich« erscheinender Devianz zeigt sich allerdings das Doppelgesicht dieser Kontrollformen (vgl. Scheerer 1997): Wie oben an steigenden Inhaftierungsraten verdeutlicht, gewinnen drastische Interventionsformen an Bedeutung, während unterstützende und auf Rehabilitation ausgerichtete Bearbeitungsmuster sukzessive an Plausibilität einzubüßen scheinen. In beiden Fällen wird Delinquenz nicht mehr als »negatives Gut« im Sinne Sacks betrachtet; sie wird zu einem »positiven Gut« (Krasmann 1999, S. 111), durch dessen Handhabung sich der Staat auszeichnet und mit dessen Implementierung und Gewährleistung privatwirtschaftliche Gewinne zu erzielen sind.

Mit der Gouvernementalitätsthese ergeben sich Überschneidungen zu Thesen, die eine grundlegende Umgestaltung der Art und Weise annehmen, wie soziale Kontrolle ausgeübt und Devianz »verstanden« wird. Beispielsweise spricht der französische Philosoph Gilles Deleuze (1993) von einer »Kontrollgesellschaft«, in der Macht weniger durch moralische Disziplinierung als durch flexible, vielgestaltige Kontrollmechanismen und durch exklusive Zugangsberechtigungen und -regulierungen ausgeübt wird. Als ein Modus sozialer Kontrolle in der Kontrollgesellschaft gilt die »Modulation«, d.h. die subtil angeleitete Selbststeuerung unter der Anforderung von »Flexibilität und Mobilität« (Lindenberg/Schmidt-Semisch 1995, S. 4).

Ein anderes Beispiel verweist auf die These der »actuarial justice« (Feeley/Simon 1994), also der versicherungsmathematischen Gerechtigkeit und der mit verbunden Art der Sozialkontrolle im Sinne einer »new penology« (Simon/Feeley 2003). Soziale Kontrolle wird den Annahmen zufolge durch präventives und situatives Risikomanagement ausgeübt. Es erfolgt durch technologisierte Interventionen und durch die Taxierung von Personen und Situationen anhand statistisch ermittelter Risikokalküle (vgl. Castel 1983; Krasmann 2003, S. 330ff.).

Abgesehen von pragmatisch gewendeten Rational-Choice-Ansätzen scheint sich dabei eine tendenzielle Theorielosigkeit des Umgangs mit Devianz abzuzeichnen. Sie soll weniger erklärt als vielmehr reguliert und auf spezifische Orte konzentriert werden (vgl. Wehrheim 2006). Die Zuweisung von Etiketten der Devianz richtet sich demnach verstärkt nach sichtbaren Anzeichen attribuierter Risikolagen. Allerdings sind empirisch auch gegenläufige Tendenzen anzumerken, insbesondere ein Anwachsen sozialer Berufe mit ihrer Logik der Hilfe und Rehabilitation (vgl. Rauschenbach 1999). Somit besteht weiter theoretischer und empirischer Klärungsbedarf bezüglich der angestellten Vermutungen eines fundamentalen Wandels der Strategien und Rationalitäten sozialer Kontrolle (vgl. Garland 1997).

Zusammenfassung

Gesellschaftstheoretisch fundierte Etikettierungstheorien erschließen einen weiten Bezugshorizont, indem sie die Selektivität und machtbasierte Zuweisung von Labels makrostrukturell analysieren. Sie belegen, dass Kriminalisierungsprozesse bzw. Diskurse über Devianz eine eigene »Realität« besitzen, die von empirisch nachweisbaren Devianzraten weitgehend unabhängig ist. Trotz der abstrakten Argumentationsweise konnten empirische Studien sinnhafte Operationalisierungen leisten und die Fruchtbarkeit einzelner Perspektiven untermauern.

Ähnlich wie bei Anomietheorien stehen globale Aussagen über gesellschaftliche Trends allerdings vor einem Komplexitätsproblem. Es konkurrieren unterschiedliche Bezugsmöglichkeiten auf Gesellschaftstheorien. Zudem ist es problematisch, einzelne Trends des Umgangs mit Devianz zu wählen, um damit eine allgemeine Charakteristik moderner Gesellschaften zu beschreiben. Es finden sich oft gegenläufige Tendenzen, die Generalisierungen widerlegen können.

Der Hinweis auf die Interessensabhängigkeit von Kontrollakteuren ist plausibel, allerdings kommt es zu Vermischungen deskriptiver und normativ-kritischer Positionen. In einzelnen Annäherungen wird dies bewusst angestrebt, etwa um Kriminalisierung zu skandalisieren. Die Behauptung ideologischer Wahrheitskonstruktion wird dabei z.T. nur bei (ätiologischen) Gegenpositionen angemahnt, während die eigene Haltung als objektiv richtig vorausgesetzt wird. Ein weiter gefasster Ideologiebegriff, der jedes Wissen als ideologisch erschließt, muss zu einer Reflexion der eigenen theoretischen und normativen Haltung führen. Im Sinne Foucaults und z.T. marxistischer Theorien kann dies dazu überleiten, nicht die Richtigkeit oder Falschheit von Etikettierungen zu untersuchen, sondern Hegemoniebildungen von Optionen der Wahrheits- und Devianzkonstruktion. Wie dann noch Kritik möglich ist und welche Rolle die Wissenschaft hierbei spielt, ist zu diskutieren.

Der weite Ideologiebegriff ist auch auf die Begehung delinquenter Handlungen zu beziehen. Nimmt man an, dass Menschen stets durch (Eigen-) Interessen gestützte Handlungsmotivationen zeigen, so ist dies auch auf Handlungen zu beziehen, die als delinquent gelten können. Menschen können intentional Normen verletzen, wenn sie diese anerkennen. Zumindest bei einigen Normen ist Allgemeingültigkeit anzuerkennen, so dass es sinnvoll ist, nach Ursachen für diese (devianten) Handlungen zu suchen. Ohnehin ergeben sich Überschneidungen mit ätiologischen Theorien, wenn davon ausgegangen wird, Menschen erhielten eine deviante Identität durch Disziplinierungsvorgänge oder durch die Etikettierung ihrer Identität aufgrund makrostruktureller Bedingungen zugeschrieben. Diese Bedingungen werden zu Ursachen von Devianz.

6. Transdimensionale/ Übergreifende Perspektive

6.1 Die doing-gender-Perspektive

Bei geschlechtsspezifischer Betrachtung abweichenden Verhaltens ist durchgängig festzustellen, dass physische Gewaltanwendungen und kriminelle Handlungen eine männliche Domäne sind. Allerdings sind im Unterschied zur physischen Gewalt bei der verbalen Gewalt die Geschlechtsunterschiede sehr viel geringer. Zudem erweisen sich Netzwerkintrigen, mit denen das Ansehen eines Gegenübers in dessen Bezugsgruppe beschädigt wird, und das »Anstacheln« dritter Personen, damit diese dem Gegenüber Schaden zufügen, als typisch weibliche Formen der Gewaltanwendung (vgl. Björkqvist/Lagerspetz/Kaukiainen 1992; Björkqvist 1994; Rivers/Smith 1994).

Diese deutlichen geschlechtsspezifischen Differenzen sind vor dem Hintergrund des kulturellen Systems der Zweigeschlechtlichkeit zu verstehen. Die Unterscheidung der Geschlechter in Mann und Frau – das dichotome Symbolsystem der Zweigeschlechtlichkeit – bildet ein grundlegendes soziokulturelles Merkmal unserer Gesellschaft und ein alle Gesellschaftsbereiche durchdringendes Deutungsmuster. Das Geschlecht ist Merkmal der sozialen Realität und strukturiert wesentliche Teile der Persönlichkeitsentwicklung. Es bestimmt soziale Interaktionen und menschliches Zusammenleben (vgl. Hagemann-White 1984; Becker-Schmidt 1993; Lorber 1999; Weinbach/Stichweh 2000). »Die binäre Geschlechterklassifikation westlicher Gesellschaften ist mit einer spezifischen Sozialordnung verbunden. [...] Identitäten und soziale Interaktion sind vergeschlechtlicht« (Stein-Hilbers 2000, S. 54). Das dichotome System bestimmt die individuelle Konstruktion der sozialen Welt, indem es die Vielzahl der Interaktionsmöglichkeiten reduziert (vgl. Kolip 1997).

Die Aneignung des zweigeschlechtlichen Symbolsystems ist mit dem von West und Zimmerman geprägten Konzept »doing gender« (vgl. West/Zimmerman 1991; Gildemeister/Wetterer 1992) zu interpretieren. Diese interaktionistische Geschlechtertheorie setzt zunächst an der Unterscheidung zwischen »sex« und »gender« an. Nach Stoller (1968) ist das soziale Geschlecht nicht wie das biologische Geschlecht angeboren, sondern das soziale Geschlecht wird in Interaktionen hergestellt und ausgehandelt, auch wenn dieses Geschehen im Alltag quasi-natürlichen Charakter hat und damit schwer reflektierbar und analysierbar ist. Es wird sich gegen die Annahme gewendet, dass die Geschlechtszugehörigkeit eindeutig, biologisch begründet und unveränderbar ist. Mit »doing gender« ist also gemeint, dass das Geschlecht in sozialen Situationen produziert und reproduziert wird, wobei Individuen ihr Geschlecht aktiv und eindeutig im Verhalten ausdrücken (vgl. Fenstermaker et al. 1991). Geschlechtliche Identität wird entsprechend in sozialen Praktiken erzeugt und entwickelt (vgl. Helfferich 2001).

Durch das alltagsweltliche Wissen um die Geschlechtsdifferenz ist jedes Individuum genötigt, eine eindeutige Geschlechtsidentität zu haben. Der Zwang, ein Geschlecht zu haben, wird von Hirschauer (1989) als Geschlechtszuständigkeit beschrieben. Jedes Individuum ist gleichermaßen verantwortlich und gezwungen, ein eindeutiges Geschlecht zu verkörpern. Die Geschlechtszuständigkeit jeder Person gliedert sich in zwei Verantwortungen bzw. zwei soziale Kompetenzen, die jeweils unterschiedlich agierende Subjektpositionen betreffen, nämlich die Geschlechtsdarstellung und die Geschlechtsattribution. Für die Geschlechtsdarstellung stehen dem Akteur spezifische Darstellungsressourcen wie Kleidung, Gesten, Namen und Bezeichnungen, (Freizeit-)Tätigkeiten, Musik und Mediennutzung, Stimme, Nutzung von Räumen usw. zur Verfügung. Über die Symbol- und Ausdrucksmedien Musik, Mode und Sprache werden jugendkulturelle Lebensstile determiniert (vgl. Baacke 1994; Vollbrecht 1995; Reiss 2003; Raithel 2005).

Die geschlechtsrollentypischen Körpererfahrungen bilden sich im frühen Sozialisationsprozess heraus. Eine Erklärung hierfür bildet die Mutter-Kind-Dyade mit dem Ablösungsprozess von der Mutter. Während des primären Ablösungsprozesses von der Mutter erfahren Jungen ihre Körpergrenzen stärker durch Abgrenzung und insbesondere durch Schmerz (aggressive Spiele, Raufereien...). So entwickeln Jungen ein stärker instrumentelles Verhältnis zu ihrem Körper, das beispielsweise eine höhere Risikobereitschaft impliziert (vgl. Hagemann-White 1984). Im Gegensatz dazu bleibt im frühen Sozialisationsprozess der Körper des Mädchens »stärker bewahrt, stärker kontrolliert und weniger in schmerzhaften Erfahrungen abgehärtet« (Helfferich/Walter/Franzkowiak 1986, S. 140). Die weibliche Körpersozialisation hat idealtypisch ein bewahrendes und empathisches Körperverständnis zum Ziel (vgl. Kolip 1997, S. 110ff.).

»Frühzeitig werden *körper*bezogene Ideale von Schönheit, Sanftheit und Zärtlichkeit als weibliche Tugenden vermittelt, im Gegensatz dazu Stärke, Mut, Härte aber auch Ehrgeiz als männliches Pendant« (Holler-Nowitzki 1994, S. 71). Mädchen entwickeln und reproduzieren ihre Geschlechtsidentität über ein integrierendes Körperverständnis, während Jungen dies über ein instrumentelles Körperverständnis tun (vgl. Baur 1988). Eine positive Besetzung des Körpers erfolgt bei den Jungen im Hinblick auf Zähigkeit, Belastbarkeit und Tapferkeit, während bei Mädchen der Fokus auf Empfindsamkeit, Beweglichkeit und Geschmeidigkeit liegt (vgl. Kolip 1997). In Hinsicht auf die erwachsene Lebensphase bedeutet das, dass Männer ihren Körper eher als funktionale Grundlage für ihr Handeln begreifen, hingegen ist Frauen das Aussehen und das Dasein für und Zusammensein mit anderen wichtig (vgl. Mrazek 1984; Saltonstall 1993).

Die geschlechtsspezifische Ausrichtung des Körperverhältnisses (instrumentell vs. integral) ist als ein wesentlicher Grundstein für die Ausübungspräferenz von abweichenden Verhaltensweisen zu sehen. Jungen tendieren eher zu exteriorisierenden Verhaltensweisen, während Mädchen eher interiorisierende Verhaltensweisen ausüben (vgl. Mansel/Hurrelmann 1991; Raithel 2005). Am Beispiel des Konsums von Drogen ist gemäß der kulturellen Symbolik der Bereich der Extremkategorien als »harter« Konsum gelabelt, und in ihm dominieren insbesondere Jungen. Dabei lässt sich ein quasilinearer Zusammenhang feststellen: Je qualitativ »härter« und quantitativ exzessiver der Konsum ist, desto mehr sind Jungen und desto weniger sind Mädchen an dem Konsum beteiligt. Die Qualifikation des Verhaltens als »hart« steht als symbolischer Träger im Zusammenhang mit der Männlichkeitskonstruktion (vgl. Helfferich 1997; Fasteau 1978; kritisch Vogt 2005).

Da die Kategorien Leistung und Sieg für die Geschlechtsidentitätsreproduktion der Jungen von zentraler Bedeutung sind, bieten sich geradezu (physische) Gewalt, Kriminalität oder auch risikokonnotative Verhaltensweisen (vgl. Raithel 2001a; 2005) an, um männliche Integrität und Invulnerabilität zu demonstrieren. Die Darstellung einer körperlich gebundenen männlichen Überlegenheit und Stärke dient hierbei idealtypisch der männlichen Geschlechtsidentitätsreproduktion. Extreme Formen der öffentlichen Präsentation von Männlichkeit, die auf körperlicher Kraft und Dominanz beruhen, wählen insbesondere marginalisierte Jungen (vgl. Helfferich 1997). Angehörige unterer sozialer Schichten funktionalisieren der Vermutung nach eher ihren Körper, während Angehörige der mittleren und oberen sozialen Schichten einen bewahrenderen, ästhetischen und sensiblen Umgang mit ihrem Körper pflegen (vgl. Boltanski 1976). So ist es auch zu verstehen, dass gerade für Jungen aus sozial benachteiligten Soziallagen das delinquente Risikoverhalten und insbesondere die (körperbezogene) Gewalt der männlichen Geschlechtsidentitätsreproduktion dienen (vgl. Matt 1999; Raithel 2001b; 2005).

Wenn auch die Zuschreibung geschlechtstypischer Merkmale und die Ausgestaltung der Geschlechtsrollen nach sozialer Lage, Milieu und individuellem Habitus (in horizontaler wie vertikaler Perspektive) variieren (vgl. Liebau 1992; Moore 1993; Vester/ Gardemin 2000), so sind dennoch dichotome Muster und Strukturierungsprinzipien geblieben, die gerade für Kinder und Jugendliche in ihrer Entwicklung der Geschlechtsidentität überaus wichtig und orientierungsgebend sind.

Zusammenfassung

Die interaktionistische Geschlechtertheorie des »doing gender« von West und Zimmerman (1991) beschreibt die Entwicklung und Aneignung einer Geschlechterrolle innerhalb des zweigeschlechtlichen Symbolsystems. Die Autorinnen gehen davon aus, dass die Geschlechtsrolle (soziales Geschlecht) in Interaktionen über Verhaltensweisen und Symbole angeeignet wird. Hingegen wird die Ansicht abgelehnt, dass die Geschlechtszugehörigkeit eindeutig, biologisch begründet und unveränderbar ist. Mit »doing gender« ist also gemeint, dass das Geschlecht in sozialen Situationen durch soziale Praktiken aktiv produziert und reproduziert wird. Die Darstellung einer körperlich gebundenen männlichen Überlegenheit und Stärke dient der männlichen Geschlechtsrollenreproduktion. Delinquenz und extreme Formen der öffentlichen Präsentation von Männlichkeit, die auf körperlicher Kraft und Dominanz beruhen, wählen insbesondere marginalisierte Jungen. Gewalt und kriminelles Verhalten können als distinkte maskuline Stilisierungsmittel verstanden werden, über welche Jungen eine bestimmte Form von Männlichkeit herstellen und ausdrücken.

Kritisch an jeglichem Geschlechteransatz und so auch an »doing gender«-Konzepten ist die relative Eindimensionalität der Erklärung von Verhaltensweisen aufgrund der Geschlechtlichkeit, wenngleich eine sehr große Korrelation zwischen Geschlecht und Devianz besteht. Doch warum sich einige Jungen eines devianzaffinen Milieus oder Lebensstils dennoch konform verhalten, bleibt unbeantwortet.

6.2 Soziale Interventionen

Theorien abweichenden Verhaltens sind verbunden mit der Strukturierung möglicher Interventionen, d.h. sie legen unterschiedliche Arten von Interventionen nahe. Um dies zu erschließen, ist eine Klärung hilfreich, was unter »sozialer Intervention« zu verstehen ist.

Zunächst sind individuelle, zufällige Interventionen von sozialen, institutionalisierten zu unterscheiden. Werden gegen Abweichungen, die in einer Gesellschaft als Problem anerkannt sind, Maßnahmen eingerichtet, so sind diese von einer Unterstützung aus Freundschaft oder Mitleid oder von einem individuellen Vergeltungswunsch fundamental zu unterscheiden. Dies wurde von Georg Simmel (1992) in Ausführungen zur soziologischen Bedeutung der Armenfürsorge schon zu Beginn des 20. Jahrhunderts differenziert. Ihm zufolge handelt es sich bei individueller Armut und bei Armut als sozialer Erscheinung – in heutiger Begrifflichkeit: als soziales Problem – um zwei divergente Sachverhalte. Individuell arm ist »derjenige, dessen Mittel zu seinen Zwecken nicht zureichen« (Simmel 1992, S. 548). Für soziale Armut ist dies weitgehend irrelevant, weil sie nicht vom Einzelnen, sondern von der Gesellschaft aus gedacht ist. Diese verbindet mit der Fürsorge für Arme ganz eigene Vorstellungen darüber, wer arm ist und wem legitimerweise mit bestimmten Zielen geholfen werden soll. Damit »entsteht« soziale Armut als Phänomen eigenen Rechts, indem durch institutionalisierte Mittel gegen sie vorgegangen wird (ebd., S. 551). Man kann dies auf soziale Interventionen beziehen, denn mit ihrer Institutionalisierung sind besondere gesellschaftliche Intentionen verbunden. Es soll problematisch erscheinenden Zuständen begegnet werden, um – wie Simmel (1992, S. 517f.) ebenfalls beschrieben hatte – eine Stabilisierung der gesellschaftlichen Ordnung zu erzielen. Soziale Interventionen sind an Ziel- und Normalitätsvorstellungen geknüpft, die über das Motiv der Hilfe hinausgehen. In ihrem Versuch, die gesellschaftliche Ordnung zu stützen, repräsentieren Interventionen Maßnahmen sozialer Kontrolle. Auch die institutionalisierte Zuwendung von Hilfe besitzt Kontrollfunktionen, da mit ihr Anforderungen der Normalitätsherstellung verbunden sind (vgl. Dollinger 2002, S. 315ff.). Der Personenkreis, dem Hilfe gewährt wird, wird auf seine Bedürftigkeit geprüft und er wird mit Erwartungen konfrontiert, die sich aus den Zielvorstellungen, die mit der Intervention verknüpft sind, ergeben. Es soll nicht irgendwem ohne Rücksicht auf die mit der Hilfe erreichbaren Handlungs- und Identitätskompetenzen geholfen werden, sondern einem definierten Adressatenkreis mit spezifischen Defiziten und in Richtung auf bestimmte Ziele.

Dabei unterscheiden sich die Maßnahmen, die gegen einzelne soziale Probleme unternommen werden, erheblich. Dies wird z.B. daran deutlich, dass Interventionen zwar stets soziale Kontrolle implizieren, diese allerdings (scheinbar) in den Hintergrund treten kann, etwa bei der Gewährung von Hilfe. Zwischen Hilfe und Bestrafung besteht offensichtlich ein grundlegender Unterschied für die Adressaten. Aus der Beobachterperspektive handelt es sich aber in beiden Fällen um intentionale soziale Interventionen, die insofern vergleichbar sind, als sie mit dem Anspruch aufwarten, soziale Problemlagen innerhalb eines gesellschaftlichen Systems »rational« zu bearbeiten und zu kontrollieren.

Welche Interventionen im Einzelnen durchgeführt werden, ist von politischen Entscheidungen abhängig; so wurden auf der Ebene der internationalen Sozialpolitik in den vergangenen Jahren allgemein v.a. Maßnahmen gefördert, die soziale Dienstleistungen in den Mittelpunkt rücken, während finanzielle Transfers und rechtliche Grundsicherungen teilweise reduziert und kritisiert wurden (»aktivierende Sozialpolitik«; vgl. Dahme et al. 2003; Mezger/West 2000; Peck 2001). Zur Klärung des Umgangs mit einzelnen sozialen Problemen stützen sich Entscheidungsträger, manchmal unter selektivem Hinweis auf wissenschaftliche Theorien, auf Kausalitätsunterstellungen, die das Auftreten von Problemlagen erklären sollen. Devianztheorien reflektieren in systematischer Weise derartige Kausalitäten, und je nach theoretischer Argumentation kommen unterschiedliche Interventionen in Betracht.

Bevor auf einzelne Interventionstypen eingegangen wird, ist zwei Missverständnissen zu begegnen. Erstens wird manchmal zwischen *Intervention* und *Prävention* unterschieden, indem geltend gemacht wird, Interventionen folgten auf Normabweichungen, während Prävention ihnen vorgelagert sei (vgl. Böllert 2001). Ausgehend vom Begriffsgehalt der »Intervention«, der auf ein Inter-Venieren, also ein Dazwischen-Treten, abstellt, ist Prävention allerdings ein Spezialfall der Intervention und nicht ihr Gegenpol (z.B. Hurrelmann 1990). Prävention – die je nach dem Zeitpunkt ihres Einsetzens als primäre, sekundäre oder tertiäre verstanden werden kann – bezeichnet Maßnahmen, die zum Ziel haben, das antizipierte Auftreten von (weiteren) Normverletzungen zu verhindern oder ihre negativen Auswirkungen zu reduzieren. In diesem Sinne ist Prävention normorientiert und verpflichtet Personen auf das ihr innewohnende Bild von Konformität und Normalität (vgl. Freund/Lindner 2001; Sturzenhecker 2000). Im Unterschied zu einer reaktiven Intervention ist die relevante Devianz noch nicht oder noch nicht in dem erwartbaren Ausmaß eingetreten. *Reaktionen* auf Devianz unterscheiden sich von Prävention durch ihre temporäre Nachordnung. Sie gehen Abweichungen nicht voraus, sondern folgen ihr. Interventionen gegen Devianz beschreiben somit präventive und/oder reaktive Maßnahmen zu ihrer Verhinderung, Abschwächung oder Regulierung.

Zweitens könnte sich ein Missverständnis aus der vorausgehenden Zuordnung der Theorien in eine Mikro-, Meso- und Makroebene ergeben. Selbst wenn Theorien einer der Ebenen zuzuschreiben sind, bedeutet dies nicht, sie favorisierten automatisch Interventionen auf der gleichen Ebene. Beispielsweise fordert die individualistische Theorie der rationalen Wahl (s. Kap. 3.2) keineswegs nur oder primär personale Interventionen auf einer Mikroebene. Im Gegenteil kann aus ihr plausibel der Schluss gezogen werden, es sei angezeigt, die Kosten von Devianz strukturell zu erhöhen, etwa durch eine Verschärfung von Strafgesetzen.

Umgekehrt kann aus der makrostrukturell angelegten Anomietheorie (s. Kap. 5.1) neben anderen Optionen gefolgert werden, dass durch eine Erhöhung und Erweiterung individueller Bewältigungskompetenzen und eine Erhöhung der personalen Frustrationstoleranz wirksam gegen Abweichungen vorgegangen werden kann. Da es sich um soziale Interventionen handelt, wären sie strukturell zu verankern, allerdings bliebe der primäre Angriffspunkt das einzelne Individuum.

Mögliche Interventionsstrategien werden deshalb im Folgenden nicht auf den genannten drei Ebenen verfolgt. Statt dessen werden die Theorien zu prinzipiellen Arten sozialer Intervention in Beziehung gesetzt. Dazu wird auf eine Differenzierung von Franz-Xaver Kaufmann Bezug genommen. Nach Kaufmann (1999, S. 924) ist »soziale Intervention« ein »analytisches Grundkonzept zur sozialwissenschaftlichen Rekonstruktion intentionaler Eingriffe in soziale Zusammenhänge«. Er unterscheidet vier sozialpolitische Strategien (ebd., S. 931ff.): rechtliche, ökonomische, ökologische und pädagogische Interventionen. Mit der Begründung, dass soziale Probleme nicht nur sozialpolitisch bearbeitet werden, ergänzt Helge Peters (2002, S. 110f.) als eine fünfte Strategie die Problembearbeitung durch Sanktionen und Sanktionsdrohungen. Man kann sie als punitive, also straforientierte, Interventionslogik bezeichnen. Im Gegensatz zu den anderen Strategien, die eine Erweiterung von Teilhabemöglichkeiten an zentralen gesellschaftlichen Ressourcen erzielen wollen, intendiert die punitive Orientierung den Ausschluss von Ressourcen und die Beschneidung von Optionen der Partizipation an ihnen. Ferner ist bezüglich der pädagogischen Interventionen zu ergänzen, dass der Begriff nicht das insgesamt in Frage kommende Spektrum der von Kaufmann gemeinten Strategie der personenzentrierten Förderung von Kompetenzen abdeckt. Sinnvoller ist von pädagogisch-psychologischer Intervention zu sprechen.

Damit ergeben sich in Anlehnung an Kaufmann und Peters die folgenden fünf Interventionsstrategien:

1. *Rechtliche Interventionen*: Rechtsverhältnisse werden ausgestaltet, um Teilhabechancen zu erhöhen. »Dies geschieht mittels der Einräumung von Handlungs-, Schutz-, Beteiligungs-, Inanspruchnahme-, oder Beschwerderechten, durch die Normierung von Verfahren und Beteiligungsverpflichtungen sowie durch die Errichtung von Aufsichtsorganen und die Sicherstellung gerichtlicher Nachprüfbarkeit« (Kaufmann 1999, S. 936).
2. *Ökonomische Interventionen*: Beabsichtigt ist die Umverteilung ökonomischer Mittel durch die Beeinflussung von Primäreinkommen und die Etablierung bzw. Stärkung von Sekundäreinkommen. Hier liegen gegenwärtig besondere Angriffspunkte auf das wohlfahrtsstaatliche Arrangement und seine Fundamente (vgl. Kaufmann 1997, S. 83ff.).
3. *Ökologische Interventionen:* Ziel ist eine sozialräumlich ausgerichtete Ressourcenerweiterung. Die zu erreichende »Hauptwirkung« ist nach Kaufmann (1999, S. 937) »die Verbesserung von Umweltsegmenten im Sinne größerer Nutzungschancen durch sozial schwache Gruppen«. Schwierigkeiten ergeben sich u.a. aus der Prägung spezifischer Nutzungsbedingungen der sozialen Räume, die nicht den Bedürfnissen der Bedürftigsten folgt. Zudem kommt es teilweise zu Konfusionen mit punitiven Strategien, die gleichfalls räumlich orientiert sein können (vgl. Wehrheim 2002; Legnaro 1998).
4. *Pädagogisch-psychologische Interventionen:* Im interpersonellen Kontakt sollen individuelle Kompetenzen gefördert werden. Es handelt sich vor allem um (sozial-)pädagogische oder psychologische/psychotherapeutische Maßnahmen. Sie sind von besonderem Nutzen, um die anderen Interventionen wirksam werden zu lassen. Professionalisierte Gewährer dieser Dienstleistungen

sind auf die rechtliche und ökonomische Absicherung ihrer Handlungskapazitäten angewiesen.

5. *Punitive Interventionen*: Teilhabechancen und Handlungsmöglichkeiten werden nicht erweitert, sondern durch Negativsanktionierungen und Sanktionsdrohungen restringiert. Folgt man neueren Diagnosen, die auf eine verstärkte politische und öffentliche Strafbereitschaft hinweisen, dann erfährt diese Strategie des Umgangs mit sozialen Problemen gegenwärtig eine »Renaissance« (Sack 2004, S. 35).

Die in den vorausgehenden Kapiteln vorgestellten Theorien können mit diesen Interventionen in Beziehung gesetzt werden. Dabei ist der z.T. nur implizite Aufforderungscharakter der Theorien zu bestimmten Eingriffen gegen ihrerseits sehr heterogene Devianzformen zu bedenken. Ferner unterscheiden sich einzelne Theorien innerhalb der Theorietypen teilweise deutlich, selbst wenn sie einem gemeinsamen Argumentationskern verpflichtet sind. Deshalb besitzt die folgende Zuordnung vor allem heuristischen Wert, um die Schwerpunkte »rationaler« Interventionen zu beschreiben, die durch die Theorietypen nahe gelegt werden (vgl. Tabelle 1).

Zunächst sollen die Theorien betrachtet werden, die Devianz vorrangig auf der Ebene des Individuums erklären. Welche Interventionsformen legen sie nahe?

Theorien des differentiellen Lernens beziehen sich zur Erklärung von Devianz vorrangig auf interpersonelle Kontakte. Durch soziales Lernen werden deviante Verhaltenstendenzen und -optionen vermittelt, die zur Realisierung gelangen, wenn eine subjektiv günstige Situation besteht. Dies kann verhindert werden, wenn ökologische Rahmenbedingungen in einer Weise gestaltet werden, die das Erlernen konformer Handlungsmöglichkeiten begünstigt. Gegen Abweichungen wird eine »vermehrte Lebenswelt- und Gemeinwesenorientierung« (Janssen 1997, S. 81) nahe gelegt. Sie kann durch pädagogisch-psychologische Strategien begleitet und ermöglicht werden. Ähnlich den Subkultur- und Peer-Group-Ansätzen ist es denkbar, Devianz durch eine sozialpädagogische Beeinflussung von Gruppenprozessen vorzubeugen.

Tab. 1: **Schwerpunkte von Interventionsmöglichkeiten aus der Perspektive von Devianztheorien**

Theorie\ Interventions-strategie	Recht-lich	Ökono-misch	Ökolo-gisch	Pädago-gisch/ Psycho-logisch	Punitiv
Differentielles Lernen	0	0	+	+	0
Rational-Choice	0	+	+	+	+
General Theory of Crime	0	+	+	+	+
Stresstheorien	0	+	+	+	0
Interpers. Etikettierung	-	-	-	-	-
Subkultur	0	+	+	+	0
Peer-Group	0	+	+	+	0
»Broken Windows«	0	0	+	0	+
Anomie	0	+	+	+	0
Desintegration	0	+	+	+	0
Lebensstile	0	+	+	+	0
Makrostr. Etikettierung	-	+	0	-	-
»doing gender«	+	+	+	+	0

+ = befürwortet 0 = nicht bedacht – = abgelehnt

Das *Rational-Choice-Modell* erklärt Verhalten als Resultat einer Kosten-Nutzen-Entscheidung. Dies mag auf den ersten Eindruck die Vermutung nahe legen, es ließe sich ein ökonomischer Interventionsschwerpunkt ableiten. Dies ist nicht falsch, aber es wird mit dem Kosten-Nutzen-Kalkül nur zum Teil ein monetärer Aspekt thematisiert. Individuen können ganz unterschiedliche Einflüsse und Sachverhalte als wünschenswerten Nutzen interpretieren und ihr Verhalten entsprechend ausrichten. Somit wird auch eine pädagogisch-psychologische Interventionsstrategie, die Einfluss auf individuelle Kalkulationsprozesse und mit ihnen verbundene Verhaltenstendenzen nimmt, mit Plausibilität ausgestattet. Da deviantes Verhalten kontextbezogen realisiert wird, erscheinen zudem ökologische Interventionen ratsam. Die Hauptinterventionsstrategie ist auf punitiver Ebene zu sehen, da Sanktionshöhe und Sanktionswahrscheinlichkeit die Kosten delinquenten Verhaltens bestimmen und den Nutzen in Relation dazu minimieren.

Die *General Theory of Crime* betont individuelle Selbstkontrolle. Bestrebungen zu Devianz werden durch ein hohes Maß an Selbstkontrolle unterdrückt, während geringe Selbstkontrolle Abweichung wahrscheinlich macht. Als devianzvermindernd sind demnach Maßnahmen anzusehen, die Selbstkontrolle frühzeitig erhöhen. Dies betrifft insbesondere die familiale und ferner die schulische Erziehung. Durch die elterliche Überwachung eines Kindes und durch die frühzeitige Erkennung und Sanktionierung seiner Devianz wird sie als Verhaltensmöglichkeit unattraktiv. Die Schule kann im Anschluss an die familiale Erziehung zum Aufbau eines hohen Maßes an Selbstkontrolle beitragen. Allgemein kann durch eine Senkung des individuellen Nutzens abweichenden Verhaltens, d.h. durch die Reduktion der Möglichkeit, durch Devianz schnelle Bedürfnisbefriedigung zu erlangen, ihr Auftreten eingeschränkt werden – zumindest, insoweit das Niveau an Selbstkontrolle nicht angeboren ist.

Stresstheorien favorisieren pädagogisch-psychologische Maßnahmen, bei denen die Vermittlung von Copingstrategien im Zentrum steht. Daneben stellen sich als weitere relevante Interventionsbereiche die sozioökonomische Lebenslage und die soziale Umwelt (Familie, Schule, Peers, Beruf) dar. Hier geht es zum einen um das Entgegenwirken von (materieller) Deprivation und zum anderen um die Bildung nachhaltiger sozialer Unterstützungsnetzwerke. Mit der Entwicklung, Stärkung und Etablierung personaler wie sozialer Kompensationsressourcen lässt sich psychosozialen Belastungen in unterschiedlichsten Erscheinungsformen und Konstellationen produktiv begegnen.

Interpersonelle Etikettierungstheorien lehnen die Suche nach Ursachen von Devianz ab. Da Abweichungen zugeschrieben werden, ist nur durch die Unterbindung von Zuschreibungen gegen sie vorzugehen. Unabhängig davon, ob Devianz in helfender oder punitiver Absicht einer Person attestiert wird, erfolgt eine Typisierung ihrer Identität. Von einer radikalen Perspektive aus sind deshalb Interventionen, die Devianzkategorien zugrunde legen, insgesamt abzulehnen. Dies ändert sich bei einer weniger stringenten Auslegung der Etikettierungstheorie. Sie geht davon aus, dass Zuschreibungen zu Ursachen von Devianz werden, da die Möglichkeiten zu konformem Verhalten im Etikettierungsprozess reduziert werden. Es ist damit möglich, die Zurückweisung von negativen Etiketten zu unterstützen, indem Menschen die dazu nötigen Ressourcen vermittelt werden.

Auf der Meso-Ebene implizieren die *Subkulturtheorie* sowie die salienzbezogene *Peer-Group-Perspektive* einen ökologischen Interventionsansatz. Die soziale Umwelt wird als die wesentliche Einflussgröße auf das individuelle Verhalten gesehen, womit hier auch die primäre Interventionsstrategie zu verorten ist. Die engen Bezüge bzw. Abhängigkeit von der Gruppe/Subkultur lassen sich am ehesten auf einer pädagogisch-psychologischen Ebene durch Empowermentangebote abwenden. Auf der Ebene der Lebenslage könnte durch eine ökonomische Verbesserung eines »Gefangenseins« in delinquenzaffinen Gruppen entgegengewirkt werden.

Die *Broken-Windows-These* legt primär Interventionen nahe, die eine Bestrafung devianter Personen realisieren. Die Bestrafung soll möglichst konsequent und frühzeitig erfolgen, wenn erste Anzeichen der Verletzung von Werten und Normen sichtbar werden. Dadurch soll eine Eskalation bis zur schweren Formen von Kriminalität unterbunden werden. Eine Kooperation formeller und informeller Kontrollmaßnahmen erscheint dazu besonders hilfreich. Sie verdeutlicht potentiellen Normbrechern, dass Devianz mit hoher Wahrscheinlichkeit mit spürbaren negativen Konsequenzen beantwortet wird. Es wird vermutet, dass Devianz in der Folge unterlassen wird. Durch die situativen und sozialräumlichen Bezüge der

These werden zudem ökologische Interventionen nahe gelegt. Nicht Persönlichkeitseigenschaften, sondern Situationsmerkmale begründen Abweichungen. Devianz kann deshalb auch durch die Stärkung räumlich begrenzter Bindungen verhindert werden.

Abstrakter angelegt sind Theorien, die auf gesellschaftlicher Ebene argumentieren. Der Tendenz nach legen sie Schwerpunkte auf ökonomische und ökologische Interventionsformen.

Anomietheorien fordern explizit oder implizit eine Bearbeitung ökonomisch bedeutsamer Belastungen. Anomie erscheint als kulturelles Problem, das mit sozialstrukturellem Wandel und sozialer Ungleichheit assoziiert ist. Menschen unterliegen in anomischen Konstellationen stresshaften Umständen und verhalten sich dadurch mit gewisser Wahrscheinlichkeit deviant. Dies zu verhindern, verlangt zunächst nach der Reduktion stressverursachender Ungleichheiten. Daneben kommen ökologische und pädagogisch-psychologische Interventionen in Betracht. Sie haben zum Ziel, Menschen in ihren nahräumlichen Bezügen zum kompetenten Umgang mit Frustrationen zu befähigen und sie mit einem breiten Spektrum an Handlungsmöglichkeiten auszustatten.

Die Interventionsforderungen der *Desintegrationstheorie* entsprechen weitgehend denen der Anomietheorie. In ihrer sozialisationstheoretischen Wendung betont die Annahme der Desintegration allerdings stärker die Option ökologisch fundierter Interventionen. Heranwachsende unterliegen der Auflösung sozialmoralischer Bindungen und werden in ihrer Sozialisation mit Devianz auslösenden Orientierungsmustern ausgestattet. Soweit dies möglich ist, kann deshalb durch eine Revision der Erosion sozialer Beziehungen Devianz verhindert werden, da die Orientierungen dann keine subjektive und soziale Funktionalität mehr erweisen können. Die Betreffenden erleben in der Folge werthafte Erfahrungen der eigenen Identität in ihrem sozialen Umfeld, in der Verankerung in gesellschaftlichen Moralbindungen und in der Teilnahme an sozialen Institutionen. Damit wird eine Beziehung zu pädagogisch-psychologischen Interventionsstrategien hergestellt. Da der gesellschaftliche Wandel der Theorie nach durch ein Überhandnehmen ökonomischer Rationalitäten und Ungleichheiten gekennzeichnet sei, sind zudem ökonomische Interventionen plausibel.

Lebensstile lassen sie sich auf Kollektivebene abbilden, wobei jedoch keine identitätsbildende Kultur innerhalb einer »Lebensstilgruppe« besteht. Hierdurch wird verständlich, dass das interventionsbezogene Hauptaugenmerk ein pädagogisch-psychologisches ist. Die Person wählt ihre Lebensstilisierungen und wäre dahingehend zu beeinflussen, devianzlose Stilisierungen zur Bildung des Lebensstils zu präferieren. Aufgrund bestehender soziostruktureller Durchdringungen der Lebensstile und ausgehend von einer impliziten lebenslagenbezogenen Deprivationsannahme sind sozioökonomische und ökologische Interventionsmaßnahmen zur Verbesserung der Lebenslage zu fordern.

Makrostrukturelle Etikettierungstheorien unterscheiden sich deutlich von den anderen gesellschaftstheoretischen Ansätzen. Da Zuschreibungen von Devianz durch soziale Prozesse und Faktoren begründet werden, werden Interventionen allerdings nicht derart umfassend abgelehnt wie bei den stringenten interpersonellen Etikettierungstheorien. Es gibt »objektive« Gründe, weshalb bestimmte Personenkreise etikettiert werden, und diesen Gründen kann begegnet werden. Da einzelne Theorien aus einer marxistischen Tradition stammen, werden ökonomische Interventionen nahe gelegt. Etikettierungen orientieren sich am sozialstrukturellen Status »devianter« Personen. Nicht deren »eigentliche« Delinquenz, sondern ihr niedriger Status wird kriminalisiert. Eine Verminderung sozialer und ökonomischer Ungleichheiten reduziert deshalb den Anlass von Etikettierungen. Allerdings würde eine substantielle Intervention eine neue Sozialordnung erfordern, so dass die Erfolgsaussichten der ökonomischen Intervention begrenzt sind. Daneben verweisen neuere diskurstheoretische Theorien auf Devianz als Resultat diskursiver Praxis. Interventionen sind folglich an einer Modifikation der gesellschaftlichen Art und Weise der Thematisierung von Devianz auszurichten. Diese Intention der Verschiebung diskursiver Strategien bildet einen Spezialfall von Interventionsstrategien und ist in Tabelle 1 nicht berücksichtigt.

Das Konzept des *doing gender* geht von der Kultur der Zweigeschlechtlichkeit aus. Es leitet sich eine ökologische Interventionsstrategie ab, die in erster Linie auf gesellschaftlicher Ebene und in zweiter Linie auf der Mesoebene von Milieus zu verorten ist. In milieuspezifischer Hinsicht sind unter dem Gender-Aspekt ökonomische und pädagogisch-psychologische Maßnahmen angezeigt. Hier sei exemplarisch auf die »Kultur der Extremkategorien« (vgl. Helfferich 1997) hingewiesen.

Literaturverzeichnis

Adler, F./Laufer, W.S. (Hrsg.) (1995): The legacy of anomie theory. New Brunswick.

Ajzen, I. (1985): From intentions to actions: A theory of planned behavior. In: Kuhl, J./Beckmann, J. (Hrsg.): Action control. From cognition to behavior. Berlin, S. 154–176.

Ajzen, I. (1988): Attitudes, Personality and Behavior. Milton Keynes.

Ajzen, I. (1991): The Theory of Planned Behavior. In: Organizational Behavior and Human Decision Processes, 50, S. 179–211.

Ajzen, I. (2002): Perceived behavioral control, self-efficacy, locus of control, and the theory of planned behavior. In: Journal of Applied Social Psychology, 32, S. 665–683.

Ajzen, I./Fishbein, M. (1978): Einstellungs- und normative Variablen als Prädiktoren für spezifische Verhaltensweisen. In: Stroebe, W. (Hrsg.): Sozialpsychologie. Band 1. Darmstadt, S. 404–443.

Ajzen, I./Fishbein, M. (1980): Understanding Attitudes and Predicting Social Behavior. Englewood-Cliffs.

Ajzen, I./Madden, T.J. (1986): Prediction of goal-directed behavior. Attitudes, intentions, and perceived behavioral control. In: Journal of Experimental Social Psychology, 22, S. 453–474.

Albrecht, G. (1981): Zwerge auf den Schultern eines Riesen? Neuere Beiträge der Theorien abweichenden Verhaltens und sozialer Kontrolle in der Tradition Emile Durkheims. In: Aleman, H.v./Thun, H.P. (Hrsg.): Soziologie in weltbürgerlicher Absicht. Festschrift für René König zum 75. Geburtstag. Opladen, S. 323–358

Albrecht, G. (1990): Theorie sozialer Probleme im Widerstreit zwischen »objektivistischen« und »rekonstruktionistischen« Ansätzen. In: Soziale Probleme, 1, S. 5–20.

Albrecht, G. (1997): Anomie oder Hysterie – oder beides? Die bundesrepublikanische Gesellschaft und ihre Kriminalitätsentwicklung. In: Heitmeyer, W. (Hrsg.): Was treibt die Gesellschaft auseinander? Frankfurt a.M., S. 506–554.

Albrecht, G. (2001): Gesellschaftliche Konstruktion von Realität und Realität von Konstruktionen. In: Soziale Probleme, 12, S. 116–145.

Albrecht, G./Groenemeyer, A./Stallberg, F.W. (Hrsg.) (1999): Handbuch soziale Probleme. Opladen.

Albrecht, G./Howe, C.-W. (1992): Soziale Schicht und Delinquenz. Verwischte Spuren oder falsche Fährte? In: Kölner Zeitschrift für Soziologie und Sozialpsychologie, 44, S. 697–730.
Albrecht, H.-J. (^{3}1993): Kriminelle Karrieren. In: Kaiser, G./Kerner H.-J./Sack F./Schellhoss, H. (Hrsg.): Kleines Kriminologisches Wörterbuch. Heidelberg, S. 301–308.
Albrecht, P.-A. (1999): Kriminologie. München.
Althoff, M. (2002): »Kriminalität« – eine diskursive Praxis. Eine Einführung in die Diskursanalyse Michel Foucaults. In: Anhorn, R./Bettinger, F. (Hrsg.): Kritische Kriminologie und Soziale Arbeit. Weinheim, S. 47–74.
Atkinson, J.W. (Hrsg.) (1958): Motives in fantasy, action, and society. Princeton, NJ.
Baacke, D. (1994): Medienwelten sind Ausdruckswelten. Zu neuen Wahrnehmungsformen, insbesondere bei Kindern und Jugendlichen. In: GMK-Rundbrief, Nr. 36, S. 3–16.
Balog, A. (2001): Neue Entwicklungen in der soziologischen Theorie. Auf dem Weg zu einem gemeinsamen Verständnis der Grundprobleme. Stuttgart.
Barrera, M.jr. (1988): Models of Social Support and Life Stress. Beyond the Buffering Hypothesis. In: Cohen, L.H. (Hrsg.): Life Events and Psychological Functioning. London, S. 211–236.
Bässmann, J./Vogt, S. (1997): Community Policing. Projektbericht des Bundeskriminalamtes zu den Erfahrungen in den USA. BKA Wiesbaden.
Baur, J. (1988): Über die geschlechtstypische Sozialisation des Körpers. Ein Literaturüberblick. In: Zeitschrift für Sozialisationsforschung und Erziehungssoziologie, 8, 2, S. 152–160.
Baurmann, M. (1999): Durkheims individualistische Theorie der sozialen Arbeitsteilung. In: Friedrichs, J./Jagodzinski, W. (Hrsg.). Soziale Integration. Opladen, S. 85–114.
Beck, U. (1983): Jenseits von Stand und Klasse? Soziale Ungleichheiten, gesellschaftliche Individualisierungsprozesse und die Entstehung neuer Formationen und Identitäten. In: Kreckel, R. (Hrsg.): Soziale Ungleichheiten (Soziale Welt, Sonderband 2). Göttingen, S. 35–74.
Beck, U. (1986): Risikogesellschaft. Auf dem Weg in eine andere Moderne. Frankfurt a.M.
Becker, G. (1968): Crime and Punishment: An Economic Approach. In: Journal of Political Economy, 76, 2, S. 169–217.
Becker, H.S. (^{2}1973): On Labeling Outsiders. In: Rubington, E./Weinberg, M.S. (Hrsg.): Deviance. The Interactionist Perspective. Text and Readings in the Sociology of Deviance. New York, S. 12–15.
Becker, H.S. (1981): Außenseiter. Zur Soziologie abweichenden Verhaltens. Frankfurt a.M.
Becker, U./Nowak, H. (1982): Lebensweltanalyse als neue Perspektive der Markt- und Meinungsforschung. In: E.S.O.M.A.R. Kongreß, Band 2, S. 247–267.

Becker-Schmidt, R. (1993): Geschlechterdifferenz – Geschlechterverhältnis. Soziale Dimensionen des Begriffs »Geschlecht«. In: Zeitschrift für Frauenforschung, 2, S. 37–46.

Beckett, K. (1997): Making Crime Pay. Law and Order in Contemporary American Politics. New York/Oxford.

Berger, P.L./Luckmann, T. (1969): Die gesellschaftliche Konstruktion der Wirklichkeit. Eine Theorie der Wissenssoziologie. Frankfurt a.M.

Bittscheidt, D./Lindenberg, M. (1998): Zero Tolerance im Umgang mit Jugenddelinquenz? In: Neue Kriminalpolitik, 10, S. 23–28.

Björkqvist, K. (1994): Sex differences in physical, verbal, and indirect aggression. A review of recent research. In: Sex Roles, 30, 3/4, S. 177–188.

Björkqvist, K./Lagerspetz, K.M.J./Kaukiainen, A. (1992): Do girls manipulate and boys fight? Developmental trends in regard to direct and indirect aggression. In: Aggressive Behavior, 18, S. 117–127.

Blumer, H. (1975): Soziale Probleme als kollektives Verhalten. In: Hondrich, K.O.: Menschliche Bedürfnisse und soziale Steuerung. Eine Einführung in die Sozialwissenschaft. Reinbek b. Hamburg, S. 102–113.

Boers, K. (1991): Kriminalitätsfurcht. Über den Entstehungszusammenhang und die Folgen eines sozialen Problems. Pfaffenweiler.

Boers, K./Pöge, A. (2003): Wertorientierungen und Jugenddelinquenz. In: Lamnek, S./Boatc , M. (Hrsg.): Geschlecht – Gewalt – Gesellschaft. Opladen, S. 246–268.

Bohle, H.H. (1975): Soziale Abweichung und Erfolgschancen. Die Anomietheorie in der Diskussion. Neuwied/Darmstadt

Bohle, H.H./Heitmeyer, W./Kühnel, W./Sander, U. (1997): Anomie in der modernen Gesellschaft: Bestandsaufnahme und Kritik eines klassischen Ansatzes soziologischer Analyse. In: Heitmeyer, W. (Hrsg.): Was treibt die Gesellschaft auseinander? Frankfurt a.M., S. 29–65

Böllert, K. (^{2}2001): Prävention und Intervention. In: Otto, H.-U./Thiersch, H. (Hrsg.): Handbuch der Sozialarbeit/Sozialpädagogik. Neuwied/Kriftel, S. 1394–1398.

Boltanski, L. (1976): Die soziale Verwendung des Körpers. In: Kamper, D./ Rittner, V. (Hrsg.): Zur Geschichte des Körpers. Wien, S. 138–177.

Boogart, H.v.d./Seus, L. (1991): Radikale Kriminologie. Die Rekonstruktion zweier Jahrzehnte Wissenschaftsgeschichte Großbritanniens. Pfaffenweiler.

Bourdieu, P. (1982): Die feinen Unterschiede. Zur Kritik der gesellschaftlichen Urteilskraft. Frankfurt.

Brantingham, P.L./Brantingham, P.J. (2003): Crime prevention and the problem of crime displacement: Estimating quantum of displacement using a cohort component approach. In: Kury, H./Obergfell-Fuchs, J. (Hrsg.): Crime Prevention. New Approaches. Mainz, S. 356–369.

Bröckling, U./Krasmann, S./Lemke, T. (Hrsg.) (2000): Gouvernementalität der Gegenwart. Studien zur Ökonomisierung des Sozialen. Frankfurt a.M.

Brüchert, O./Steinert, H. (1998): Das kriegerische Missverständnis des polizeilichen Gewaltmonopols: Am Beispiel »Aufräumen wie in New York«. In: Ortner, H./Pilgram, A./Steinert, H. (Hrsg.): New Yorker »Zero-Tolerance«-Politik. Baden-Baden, S. 17–38.

Brusten, M. (1999): Kriminalität und Delinquenz als soziales Problem. In: Albrecht, G./Groenemeyer, A./Stallberg, F.W. (Hrsg.): Handbuch soziale Probleme. Opladen/Wiesbaden, S. 507–555.

Brusten, M./Hurrelmann, K. ([3]1976): Abweichendes Verhalten in der Schule. Eine Untersuchung zu Prozessen der Stigmatisierung. München.

Bundeszentrale für gesundheitliche Aufklärung (2004): Die Drogenaffinität Jugendlicher in der Bundesrepublik Deutschland 2004. Teilband illegale Drogen. Köln.

Burchell, G./Gordon, C./Miller, P. (Hrsg.) (1991): The Foucault Effect. Studies in Governmentality. Hemel Hempstead.

Burgess, R.L./Akers, R.L. (1966): A Differential Association-Reinforcement Theory of Criminal Behavior. In: Social Problems, 14, 2, S. 128–147.

Castel, R. (1983): Von der Gefährlichkeit zum Risiko. In: Wambach, M.M. (Hrsg.): Der Mensch als Risiko. Zur Logik von Prävention und Früherkennung. Frankfurt a.M., S. 51–74.

Christie, N. ([2]1995): Kriminalitätskontrolle als Industrie. Auf dem Weg zu Gulags westlicher Art. Pfaffenweiler.

Clarke, R.V./Cornish, D.B. (1985): Modelling Offenders´. Decisions: A Framework for Research and Policy. In: Tonry, M./Mottis, N. (Hrsg.): Crime and Justice. An Annual Review of Research. Vol. 6. Chicago, S. 147–185.

Cloward, R.A. (1968): Illegitime Mittel, Anomie und abweichendes Verhalten. In: Sack, F./König, R. (Hrsg.): Kriminalsoziologie. Frankfurt, S. 314–338.

Cloward, R.A./Ohlin, L.E. (1960): Delinquency and Opportunity. A Theory of delinquent Gangs. London.

Cobb, S. (1976): Social Support as Moderator of Life Stress. In: Psychosomatic Medicine, 38, S. 300–314.

Cohen, A.K. (1957): Kriminelle Subkulturen. In: Heintz, P./König, R. (Hrsg.): Soziologie der Jugendkriminalität (Sonderheft KZfSS), S. 103–117.

Cohen, A.K. (1961): Kriminelle Jugend. Hamburg.

Cohen, A.K. (1968): Mehr-Faktoren-Ansätze. In: Sack, F./König, R. (Hrsg.): Kriminalsoziologie. Frankfurt a.M., S. 219–225.

Cohen, A.K./Short Jr., J.F. (1968): Zur Erforschung delinquenter Subkulturen. In: Sack, F./König, R. (Hrsg.): Kriminalsoziologie. Frankfurt, S. 372–394.

Cohen, S. (1993): Soziale Kontrolle und die Politik der Rekonstruktion. In: Frehsee, D./Löschper, G./Schuhmann, K.F. (Hrsg.): Strafrecht, soziale Kontrolle, soziale Disziplinierung. Opladen, S. 209–237.

Cohen, S./Wills, T.A. (1985): Stress, social Support, and the Buffering Hypothesis. In: Psychological Bulletin, 98, S. 310–357.

Cremer-Schäfer, H. (1985): Biographie und Interaktion. Selbstdarstellungen von Straftätern und der gesellschaftliche Umgang mit ihnen. München.

Cremer-Schäfer, H. (1995): Einsortieren und Aussortieren. Zur Funktion der Strafe bei der Verwaltung der sozialen Ausschließung. In: Kriminologisches Journal, 27, S. 89–119.

Cremer-Schäfer, H. (2002): Formen sozialer Ausschließung. Über den Zusammenhang von »Armut« und »Kriminalisierung«. In: Anhorn, R./Bettinger, F. (Hrsg.): Kritische Kriminologie und Soziale Arbeit. Weinheim/München, S. 125–146.

Cremer-Schäfer, H./Steinert, H. (1997): Die Institution »Verbrechen & Strafe«. Über die sozialkulturellen Bedingungen von sozialer Kontrolle und sozialer Ausschließung. In: Kriminologisches Journal, 29, S. 244–255.

Dahme, H.-J./Otto, H.-U./Trube, A./Wohlfahrt, N. (Hrsg.) (2003): Soziale Arbeit für den aktivierenden Staat. Opladen.

Deleuze, G. (1993): Postskriptum über die Kontrollgesellschaften. In: Ders.: Unterhandlungen. Frankfurt a.M., S. 254–262.

Dettenborn, H./Lautsch, E. (1993). Aggression in der Schule aus der Schülerperspektive. In: Zeitschrift für Pädagogik, 39, 5, S. 745–774.

Dewe, B./Otto, H.-U. (^{2}2001): Wissenschaftstheorie. In: Otto, H.-U./Thiersch, H. (Hrsg.): Handbuch der Sozialarbeit/Sozialpädagogik. Neuwied/Kriftel, S. 1966–1979.

Dietz, G.U. et al. (1997): «Lehre tut viel...». Berufsbildung, Lebensplanung und Delinquenz bei Arbeiterjugendlichen. Münster.

Doehlemann, M. (^{4}2004): Soziologische Theorien und soziologische Perspektiven für Soziale Berufe. In: Biermann, B./Bock-Rosenthal, E./Doehlemann, M./Grohall, H.-H./Kühn, D. (Hrsg.): Soziologie. Studienbuch für soziale Berufe. München, S. 19–48.

Dohrenwend, B.S./Dohrenwend, B.P. (Hrsg.) (1974): Stressful life events: Their nature and effects. New York.

Dollinger, B. (2002): Drogen im sozialen Kontext. Zur gegenwärtigen Konstruktion abweichenden Verhaltens. Augsburg.

Dollinger, B. (2004): Krisenintervention als Aufgabe der Sozialen Arbeit. Anmerkungen zu einer sozialpädagogischen Krisentheorie. In: Zeitschrift für Sozialpädagogik, 2, S. 377–396.

Dollinger, B. (2006): Die Pädagogik der sozialen Frage. Wiesbaden.

Dollinger, B./Schneider, W. (Hrsg.) (2005): Sucht als Prozess. Sozialwissenschaftliche Perspektiven für Forschung und Praxis. Berlin.

Douglas, J.D. (^{2}1973): The Social Meanings of Suicide. Princeton

Dotter, D. (2002): Creating deviance: scenarios of stigmatization in postmodern media culture. In: Deviant Behavior, 23, S. 419–448.

Dreher, G./Feltes, T. (Hrsg.) (1997): Das Modell New York: Kriminalprävention durch »Zero Tolerance«? Beiträge zur aktuellen kriminalpolitischen Diskussion. Holzkirchen/Obb.

Durkheim, E. (1961): Die Regeln der soziologischen Methode. Neuwied

Durkheim, E. (1973): Der Selbstmord. Neuwied/Berlin

Durkheim, E. (1973a): Erziehung, Moral und Gesellschaft. Vorlesung an der Sorbonne 1902/03. Neuwied a.R./Darmstadt.

Durkheim, E. ([2]1996): Über soziale Arbeitsteilung. Studie über die Organisation höherer Gesellschaften. Frankfurt a.M.

Durkheim, E. (1999): Physik der Sitten und des Rechts. Vorlesungen zur Soziologie der Moral. Frankfurt a.M.

Edelman, M. (1988): Die Erzeugung und Verwendung sozialer Probleme. In: Journal für Sozialforschung, 28, S. 175–192.

Edwards, W. (1954): The theory of decision making. In: Psychological Bulletin, 51, S. 380–417.

Elliott, D.S. (1994): Serious violent offenders: Onset, development course, and termination – the American Society of Criminology 1993 presidential address. In: Criminology, 32, S. 1–21.

Engel, U./Hurrelmann, K. (1993): Was Jugendliche wagen. Eine Längsschnittstudie über Drogenkonsum, Streßreaktionen und Delinquenz im Jugendalter. Weinheim.

Erster Periodischer Sicherheitsbericht der Bundesregierung 2001. Langfassung.

Fasteau, M.F. (1978): The male machine. New York: McGraw Hill.

Feeley, M./Simon, J. (1994): Actuarial Justice: the Emerging New Criminal Law. In: Nelken, D. (Hrsg.): The Futures of Criminology. London, S. 173–201.

Fend, H. (1977): Schulklima: Soziale Einflussprozesse in der Schule. Soziologie der Schule III. Weinheim/Basel.

Fend, H. (1998): Qualität im Bildungswesen. Schulforschung zu Systembedingungen, Schulprofilen und Lehrerleistung. Weinheim/München.

Fenstermaker, S./West, C./Zimmerman, D.H. (1991): Gender inequality: New conceptual terrain. In: Lesser-Blumberg, R. (Hrsg.): Gender, family, and economy: The triple overlap. Newbury Park, S. 289–307.

Filipp, S.-H. (1995): Ein allgemeines Modell für die Analyse kritischer Lebensereignisse. In: Filipp, S.-H. (Hrsg.): Kritische Lebensereignisse. Weinheim, S. 3–52.

Fischer, M. (2001): Kriminalität als Konstruktion: Drei konzeptionelle Probleme des radikalen Definitionsansatzes. In: Kriminologisches Journal, 33, S. 102–115.

Fishbein, M./Ajzen, I. (1975): Belief, Attitude, Intention and Behavior. Massachusetts.

Flaig, B.B./Meyer, T./Ueltzhöffer, J. (1993): Alltagsästhetik und politische Kultur. Zur ästhetischen Dimension politischer Bildung und politischer Kommunikation. Bonn.

Fleck, L. (1980): Entstehung und Entwicklung einer wissenschaftlichen Tatsache. Einführung in die Lehre vom Denkstil und Denkkollektiv. Frankfurt a.M. (orig. 1935).

Foucault, M. ([12]1998): Überwachen und Strafen. Die Geburt des Gefängnisses. Frankfurt a.M.

Franzkowiak, P. (1986): Risikoverhalten und Gesundheitsbewußtsein bei Jugendlichen. Der Stellenwert von Rauchen und Alkoholkonsum im Alltag von 15 bis 20jährigen. Berlin.
Franzkowiak, P. (1996): Risikokompetenz – Eine neue Leitorientierung für die primäre Suchtprävention? In: Neue Praxis, 26, S. 409–425.
Frehsee, D. (1991): Zur Abweichung der Angepassten. In: Kriminologisches Journal, 23, S. 25–45.
Freund, T./Lindner, W. (Hrsg.) (2001): Prävention. Zur kritischen Bewertung von Präventionsansätzen in der Jugendarbeit. Opladen.
Friedrichs, J. (1985): Kriminalität und sozio-ökonomische Struktur von Großstädten. In: Zeitschrift für Soziologie, S. 50–63.
Friedrichs, J. (Hrsg.) (1998): Die Individualisierungs-These. Opladen
Friedrichs, J./Jagodzinski, W. (1999): Theorien sozialer Integration. In: Dies. (Hrsg.): Soziale Integration. Sonderheft 39 der Kölner Zeitschrift für Soziologie und Sozialpsychologie. Opladen, S. 9–43.
Fuchs, M./Lamnek, S./Luedtke, J. (1996): Schule und Gewalt. Realität und Wahrnehmung eines sozialen Problems. Opladen.
Fuchs, M./Lamnek, S./Luedtke, J. (2001): Tatort Schule. Gewalt an Schulen 1994–1999. Opladen.
Funk, W. (1995). Nürnberger Schulen-Studie. Regensburg.
Funk, W./Passenberger, J. (1997): Determinanten der Gewalt an Schulen. Mehrebenenanalytische Ergebnisse aus der Nürnberger Schüler-Studie 1994. In: Holtappels, H.-G./Heitmeyer, W./Melzer, W./Tillmann, K.-J. (Hrsg.): Forschung über Gewalt an Schulen. Erscheinungsformen und Ursachen, Konzepte und Prävention. Weinheim, S. 243–260.
Garland, D. (1996): The Limits of the Sovereign State. Strategies of Crime Control in Contemporary Society. In: British Journal of Criminology, 36, S. 445–471.
Garland, D. (1997): »Governmentality« and the problem of crime: Foucault, criminology, sociology. In: Theoretical Criminology, 2, S. 173–214.
Garland, D. (2001): The Culture of Control. Crime and Social Order in Contemporary Societies. Oxford.
Garmezy, N./Masten, A.S. (1986): Stress, Competence, and Resilience: Common Frontiers for Therapist and Psychopathologist. In: Behavior Therapy, 17, S. 500–521.
Geißler, R. (^{2}1994): Soziale Schichtung und Kriminalität. In: ders. (Hrsg.): Soziale Schichtung und Lebenschancen in der Bundesrepublik Deutschland. Stuttgart, S. 160–194.
Geißler, R. (1996): Kein Abschied von Klasse und Schicht. Ideologische Gefahren der deutschen Sozialstrukturanalyse. In: Kölner Zeitschrift für Soziologie und Sozialpsychologie, 48, S. 319–338.
Geißler, R. (^{3}2002): Die Sozialstruktur Deutschlands. Die gesellschaftliche Entwicklung vor und nach der Vereinigung. Wiesbaden.
Georg, W. (1998): Soziale Lage und Lebensstil. Eine Typologie. Opladen.

Giddens, A. (1988): Die Konstitution der Gesellschaft. Grundzüge einer Theorie der Strukturierung. Frankfurt/New York.

Giesen, B. (1983): Moralische Unternehmer und öffentliche Diskussionen. Überlegungen zur gesellschaftlichen Thematisierung sozialer Probleme. In: Kölner Zeitschrift für Soziologie und Sozialpsychologie, 35, S. 230–254.

Gildemeister, R./Wetterer, A. (1992): Wie Geschlechter gemacht werden. Die soziale Konstruktion der Zweigeschlechtlichkeit und ihre Reifizierung in der Frauenforschung. In: Knapp, G.A./Wetterer, A. (Hrsg.): Traditionen-Brüche. Entwicklung feministischer Theorie. Freiburg, S. 201–254.

Glaser, D. (1956): Criminality Theories and Images. In: The American Journal of Sociology, 62, S. 433–444.

Gluchowski, P. (1987): Feizeit und Lebensstil. Plädoyer für eine integrierte Analyse von Freizeitverhalten. Erkrath.

Goffman, E. ([14]1999): Stigma. Über Techniken der Bewältigung beschädigter Identität. Frankfurt a.M.

Göppinger, H. ([4]1980): Kriminologie. München.

Gottfredson, M./Hirschi, T. (1990): A general theory of crime. Stanford.

Groenemeyer, A. (1999): Soziale Probleme, soziologische Theorie und moderne Gesellschaften. In: Albrecht, G./Groenemeyer, A./Stallberg, F.W. (Hrsg.): Handbuch soziale Probleme. Opladen, S. 13–72.

Groenemeyer, A. ([2]2001a): Soziale Probleme. In: Otto, H.-U./Thiersch, H. (Hrsg.): Handbuch der Sozialarbeit/Sozialpädagogik. Neuwied/Kriftel, S. 1693–1708.

Groenemeyer, A. (2001b): Von der Sünde zum Risiko? – Bilder abweichenden Verhaltens und die Politik sozialer Probleme am Ende des Rehabilitationsideals. In: Soziale Probleme, 12, S. 146–182.

Grohall, K.-H. ([4]2004): Soziologie des abweichenden Verhaltens und der sozialen Kontrolle. In: Biermann, B./Bock-Rosenthal, E./Doehlemann, M./ Grohall, H.-H./Kühn, D. (Hrsg.): Soziologie. Studienbuch für soziale Berufe. München, S. 160–207.

Haan, W.d./Vos, J. (2003): Widersprüchliche Gefühle. Rationalität und Emotionalität im Entscheidungsverhalten von jugendlichen Straftätern. In: Soziologie der Kriminalität. Sonderheft 34 der Kölner Zeitschrift für Soziologie und Sozialpsychologie, S. 316–336.

Haferkamp, H. (1987): Theorie sozialer Probleme. Kritik der neueren nordamerikanischen Problemsoziologie. In: Kölner Zeitschrift für Soziologie und Sozialpsychologie, 39, S. 121–131.

Hagemann-White, C. (1984): Sozialisation: weiblich – männlich? Opladen.

Haller, M. (1999): Soziologische Theorie im systematisch-kritischen Vergleich. Opladen.

Hammerich, K. (1975): Aspekte einer Soziologie der Schule. Ein wissenschaftssoziologischer Versuch. Düsseldorf.

Heckhausen, H. (1980): Motivation und Handeln. Heidelberg.

Heinz, W. (2003): Jugendkriminalität in Deutschland. Kriminalstatistische und kriminologische Befunde. Aktualisierte Ausgabe Juli 2003. http://www.uni-konstanz.de/rtf/kik/Jugendkriminalitaet-2003-7-e.pdf (März 2005).

Heitmeyer, W. (1990): Jugend auf dem Weg nach rechts? In: Bodewig, K./Hesels, R./Mahlberg, D. (Hrsg.): Die schleichende Gefahr. Rechtsextremismus heute. Essen, S. 236–252.

Heitmeyer, W. (⁴1992): Rechtsextremistische Orientierungen bei Jugendlichen. Empirische Ergebnisse und Erklärungsmuster einer Untersuchung zur politischen Sozialisation. Weinheim/München.

Heitmeyer, W. (1992a): Desintegration und Gewalt. In: Deutsche Jugend, 40, S. 109–122.

Heitmeyer, W./Buhse, H./Liebe-Freund, J./Möller, K./Müller, J./Ritz, H./Siller, G./Vossen, J. (1992): Die Bielefelder Rechtsextremismus-Studie. Erste Langzeituntersuchung zur politischen Sozialisation männlicher Jugendlicher. Weinheim/München.

Heitmeyer, W./Collmann, B./Conrads, J./Matuschek, I./Kraul, D./Kühnel, W./Möller, R./Ulbrich-Herrmann, M. (1995): Gewalt. Schattenseiten der Individualisierung bei Jugendlichen aus unterschiedlichen Milieus. Weinheim/München.

Helfferich, C. (1997): »Männlicher« Rauschgewinn und »weiblicher« Krankheitsgewinn? Geschlechtsgebundene Funktionalität von Problemverhalten und die Entwicklung geschlechtsbezogener Präventionsansätze. In: Zeitschrift für Sozialisationsforschung und Erziehungssoziologie, 17, 2, S. 148–161.

Helfferich, C. (2001): Jugendliches Risikoverhalten aus geschlechtsspezifischer Sicht. In: Raithel, J. (Hrsg.): Risikoverhaltensweisen Jugendlicher. Formen, Erklärungen und Prävention. Opladen, S. 331–347.

Helfferich, C./Walter, M./Franzkowiak, P. (1986): Mädchen-Gesundheit. Risikoaffinitäten und Gesundheitsverhalten in der Sozialisation weiblicher Jugendlicher. Köln.

Hermann, D./Dölling, D. (2001): Kriminalprävention und Wertorientierungen in komplexen Gesellschaften. Analysen zum Einfluss von Werten, Lebensstilen und Milieus auf Delinquenz, Viktimisierung und Kriminalitätsfurcht. Mainz.

Hess, H. (1999): Fixing Broken Windows and Bringing Down Crime. In: Kritische Justiz, 32, S. 32–57.

Hess, H./Scheerer, S. (2004): Theorie der Kriminalität. In: Oberwittler, D./Karstedt, S. (Hrsg.): Soziologie der Kriminalität. Wiesbaden, S. 69–92.

Hess, H./Stehr, J. (1987): Die ursprüngliche Erfindung des Verbrechens. In: Kriminologisches Journal, 2. Beiheft, S. 18–56.

Himmel-Kesselring, J. (1972): Subkulturen und »abweichendes Verhalten«. Versuch der Kritik eines soziologischen Konzepts der Erklärung abweichenden Verhaltens am Beispiel der Jugendkriminalität. Universität München.

Hirschauer, S. (1989): Die interaktive Konstruktion von Geschlechtszugehörigkeit. In: Zeitschrift für Soziologie, 18, S. 100–118.

Hirschi, T. (1969): Causes of delinquency. Berkeley, CA.

Hitzler, R./Honer, A. (1994): Bastelexistenz. Über subjektive Konsequenzen der Individualisierung. In: Beck, U./Beck-Gernsheim, E. (Hrsg.): Riskante Freiheiten. Individualisierung in modernen Gesellschaften. Frankfurt a.M., S. 307–315.

Hofer, H.v. (2004): Die Entwicklung der Gefangenenraten in achtzehn europäischen Ländern, 1983–2002 – ein Ausdruck für neue Straflust? In: Lautmann, R./Klimke, D./Sack, F. (Hrsg.): Punitivität (Kriminologisches Journal, 8. Beiheft), S. 193–202.

Hohl, J./Keupp, H. (^{2}1995): Normalität und Abweichung als alltägliche Herstellungsleistungen. In: Flick, U./Kardorff, E.v./Keupp, H./Rosenstiel, L.v./ Wolff, S. (Hrsg.): Handbuch qualitative Sozialforschung. Grundlagen, Konzepte, Methoden und Anwendungen. Weinheim, S. 316–319.

Holler, B./Hurrelmann, K. (1990): Gesundheitliche Beschwerden und soziales Netzwerk bei Jugendlichen. In: Seiffge-Krenke, I. (Hrsg.): Krankheitsverarbeitung bei Kindern und Jugendlichen. Berlin, S. 59–79.

Holler-Nowitzki, B. (1994): Psychosomatische Beschwerden im Jugendalter. Schulische Belastungen, Zukunftsangst und Streßreaktionen. Weinheim.

Holtappels, H.-G. (1987): Schulprobleme und abweichendes Verhalten aus der Schülerperspektive. Bochum.

Holtappels, H.-G. (1993): Aggression und Gewalt als Schulproblem – Schulorganisation und abweichendes Verhalten. In: Schubarth, W./Melzer, W. (Hrsg.): Schule, Gewalt und Rechtsextremismus. Opladen, S. 116–146.

Holtappels, H.-G./Heitmeyer, W./Melzer, W./Tillmann, K.-J. (1997): Forschung über Gewalt an Schulen. Erscheinungsformen und Ursachen, Konzepte und Prävention. Weinheim.

Hörmann, G./Rapold, M. (Hrsg.) (2004): Geschlecht – Gewalt – Diskurs. Baltmannsweiler.

Hornstein, W. (2001): Was soll Jugendarbeit? Zwischen Prävention und Emanzipation. Ein Beitrag zur Aufgabenbestimmung der Jugendarbeit im Zeitalter der »radikalisierten Moderne«. In: Freund, T./Lindner, W. (Hrsg.): Prävention. Zur kritischen Bewertung von Präventionsansätzen in der Jugendarbeit. Opladen, S. 15–50.

House, J.S. (1981): Work Stress and Social Support. Reading.

Hradil, S. (1983): Die Ungleichheit der »Sozialen Lage«. In: Kreckel, R. (Hrsg.): Soziale Ungleichheiten (Soziale Welt, Sonderband 2). Göttingen, S. 101–118.

Hradil, S. (1992): Alte Begriffe und neue Strukturen. Die Milieu-, Subkultur- und Lebensstilforschung der 80er Jahre. In: Hradil, S. (Hrsg.): Zwischen Bewußtsein und Sein. Die Vermittlung »objektiver« Lebensbedingungen und »subjektiver« Lebensweisen. Opladen, S. 15–55.

Hradil, S. (1999): Soziale Ungleichheit in Deutschland. Opladen.

Hurrelmann, K. (1990): Familienstress, Schulstress, Freizeitstress. Gesundheitsförderung für Kinder und Jugendliche. Weinheim.

Hurrelmann, K./Bründel, H. (1997): Drogengebrauch – Drogenmissbrauch. Eine Gratwanderung zwischen Genuss und Abhängigkeit. Darmstadt.

Janssen, H. (1997): Kriminalitätstheorien und ihre jeweiligen impliziten Handlungsempfehlungen. Teil II: Theorien sozialen Lernens, Theorien sozialer Bindungen, marxistische und feministische Theorien. In: Janssen, H./ Peters, F. (Hrsg.): Kriminologie für Soziale Arbeit. Münster, S. 75–117.

Jasanoff, S. (1986): Risk Management and Political Culture. New York.

Jungblut, H.J. (2004): Drogenhilfe. Eine Einführung. Weinheim/München.

Kandel, D.B. (1996): The Parental and Peer Contexts of Adolescent Behavior: An Algebra of Interpersonal Influences. In: Journal of Drug Issues, 26, S. 289–315

Katschnig, H. (1980): Lebensverändernde Ereignisse als Ursache psychischer Krankheiten. Eine Kritik des globalen Ansatzes in der Life-Event-Forschung. In: Katschnig, H. (Hrsg.): Sozialer Streß und psychische Erkrankung. Lebensverändernde Ereignisse als Ursache seelischer Störungen. München, S. 1–93.

Kaufmann, F.-X. (1997): Herausforderungen des Sozialstaates. Frankfurt a.M.

Kaufmann, F.-X. (1999): Konzept und Formen sozialer Intervention. In: Albrecht, G./Groenemeyer, A./ Stallberg, F.W. (Hrsg.): Handbuch soziale Probleme. Opladen, S. 921–940.

Keckeisen, W. (1974): Die gesellschaftliche Definition abweichenden Verhaltens. Perspektiven und Grenzen des labeling approach. München

Kessl, F. (2005): Der Gebrauch der eigenen Kräfte. Eine Gouvernementalität Sozialer Arbeit. Weinheim/München.

Kippele, F. (1998): Was heißt Individualisierung? Die Antworten soziologischer Klassiker. Opladen.

Kitsuse, J.I./Spector, M. (1973): Toward a Sociology of Social Problems: Social Conditions, Value-judgements, and Social Problems. In: Social Problems, 20, S. 407–419.

Koenen, E.J. (1999): Individualisierung als Abweichung. Zum veränderten Umgang mit neuen Formen von Devianz. In: Kriminologisches Journal, 31, S. 243–264.

Kolip, P. (1997): Geschlecht und Gesundheit im Jugendalter. Die Konstruktion von Geschlechtlichkeit über somatische Kulturen. Opladen.

König, H.-D. (1998): Arbeitslosigkeit, Adoleszenzkrise und Rechtsextremismus. Eine Kritik der Heitmeyerschen Sozialisationstheorie aufgrund einer tiefenhermeneutischen Sekundäranalyse. In: ders. (Hrsg.): Sozialpsychologie des Rechtsextremismus. Frankfurt a.M., S. 279–319.

Krasmann, S. (1999): Regieren über Freiheit. Zur Analyse der Kontrollgesellschaft in foucaultscher Perspektive. In: Kriminologisches Journal, 31, S. 107–121.

Krasmann, S. (2003): Die Kriminalität der Gesellschaft. Zur Gouvernementalität der Gegenwart. Konstanz.

Krausz, M./Degkwitz, P./Verthein, U. (1998): Lebensereignisse und psychosoziale Belastungen bis zur Pubertät – Entwicklungsbedingungen Opiatabhängiger und ihrer »normalen« Altersgenossen. In: Kindheit und Entwicklung, 7, S. 221–230.

Kreckel, R. (1983): Theorien sozialer Ungleichheit im Übergang. In: Kreckel, R. (Hrsg.): Soziale Ungleichheiten (Soziale Welt, Sonderband 2). Göttingen, 3–15.

Kreuzer, A. (³1993): Jugendkriminalität. In: Kaiser, G./Kerner, H.-J./Sack, S./ Schellhoss, H. (Hrsg.): Kleines Kriminologisches Wörterbuch. Heidelberg, S. 182–191.

Kuhn, A. (1996): Incarceration rates: Europe versus USA. In: European Journal on Criminal Policy and Research, 4, S. 46–73.

Kühn, H. (1993): Healthismus: Eine Analyse der Präventionspolitik und Gesundheitsförderung in den U.S.A. Berlin.

Kühnel, W. (1995): Die Bedeutung von sozialen Netzwerken und Peer-group-Beziehungen für Gewalt im Jugendalter. Zeitschrift für Sozialisationsforschung und Erziehungssoziologie, 15, 2, S. 122–144.

Kunz, K.-L. (⁴2004): Kriminologie. Eine Grundlegung. Bern.

Kury, H./Kania, H./Obergfell-Fuchs, J. (2004): Worüber sprechen wir, wenn wir über Punitivität sprechen? In: Lautmann, R./Klimke, D./Sack, F. (Hrsg.): Punitivität (8. Beiheft Kriminologisches Journal), S. 51–88.

Lamnek, S. (1983): Die soziale Produktion und Reproduktion von Kriminalisierung. In: Schüler-Springorum, H. (Hrsg.): Jugend und Kriminalität. Kriminologische Beiträge zur kriminalpolitischen Diskussion. Frankfurt a.M., S. 32–49.

Lamnek, S. (²1997): Neue Theorien abweichenden Verhaltens. München.

Lamnek, S. (⁷1999): Theorien abweichenden Verhaltens. Eine Einführung für Soziologen, Psychologen, Pädagogen, Juristen, Politologen, Kommunikationswissenschaftler und Sozialarbeiter. München.

Laue, C. (1999): Anmerkungen zu Broken Windows. In: Monatsschrift für Kriminalsoziologie, 82, S. 277–290.

Lazarus, R.S. (1966): Psychological Stress and the Coping Process. New York.

Lazarus, R.S./Folkman, S. (1984): Stress, appraisal and coping. New York.

Lazarus, R.S./Folkman, S. (1987): Transactional theory and research on emotions and coping. In: European Journal of Personality, 1, S. 141–169.

Lazarus, R.S./Launier, R. (1981): Streßbezogene Transaktionen zwischen Personen und Umwelt. In: Nitsch, J. (Hrsg.): Streß. Theorien, Untersuchungen, Maßnahmen. Bern, S. 213–259.

Legnaro, A. (1998): Die Stadt, der Müll und das Fremde – plurale Sicherheit, die Politik des Urbanen und die Steuerung der Subjekte. In: Kriminologisches Journal, 30, S. 262–283.

Lemert, E.M. (^{2}1982): Der Begriff der sekundären Devianz. In: Lüderssen, K./ Sack, F. (Hrsg.): Seminar: Abweichendes Verhalten I. Die selektiven Normen der Gesellschaft. Frankfurt a.M., S. 433–476.

Lemke, T. (1997): Eine Kritik der politischen Vernunft. Foucaults Analyse der modernen Gouvernementalität. Berlin/Hamburg.

Lenk, H.,/Spinner, H.F. (1989): Rationalitätstypen, Rationalitätskonzepte und Rationalitätstheorien im Überblick. Zur Rationalismuskritik und Neufassung der »Vernunft heute«. In: Stachowiak, H. (Hrsg.): Pragmatik. Handbuch pragmatischen Denkens. Bd. 3: Allgemeine philosophische Pragmatik. Hamburg, S. 1–31.

Lettieri, D.J./Welz, R. (Hrsg.) (1983): Drogenabhängigkeit – Ursachen und Verlaufsformen. Ein Handbuch. Weinheim/Basel.

Lewin, K. (1938): The conceptual representation and the measurement of psychological forces. Durham, NC.

Lewin, K. (1963): Feldtheorie in den Sozialwissenschaften. Bern.

Lewis, C.F./Siegel, J.M./Lewis, M.A. (1984): Feeling bad: Exploring sources of distress among pre-adolescent children. In: American Journal of Public Health, 74, S. 117–122.

Liebau, E. (1992): Habitus, Lebenslage und Geschlecht. Über Sozioanalyse und Geschlechtersozialisation. In: Tillmann, K.-J. (Hrsg.): Jugend weiblich – Jugend männlich. Sozialisation, Geschlecht, Identität. Opladen, S. 134–148.

Lindenberg, M./Schmidt-Semisch, H. (1995): Sanktionsverzicht statt Herrschaftsverlust: Vom Übergang in die Kontrollgesellschaft. In: Kriminologisches Journal, 27, S. 2–17.

Link, J. (^{2}1999): Versuch über den Normalismus. Wie Normalität produziert wird. Opladen.

Link, B.G./Mirotznik, J./Cullen, F.T. (1991): The Effectiveness of Stigma Orientations: Can Negative Consequences of Mental Illness Labeling be Avoided? In: Journal of Health and Social Behavior, 32, S. 302–320.

Link, B.G./Struening, E./Rahav, M./Phelan, J.C./Nuttbrock, L. (1997): On Stigma and Its Consequences: Evidence from a Longitudinal Study of Men with Dual Diagnoses of Mental Illness and Substance Abuse. In: Journal of Health and Social Behavior, 38, S. 177–190.

Lorber, J. (1999): Gender-Paradoxien. Opladen.

Ludwig-Mayerhofer, W. (2000): Von Schicht zu Milieu – Was bringen neue Konzepte sozialer Ungleichheit für die Kriminalsoziologie? In: Ludwig-Mayerhofer, W. (Hrsg.): Soziale Ungleichheit, Kriminalität und Kriminalisierung. Opladen, S. 251–257.

Lüdemann, C. (1998): Die Befolgung von Gesetzen. Eine theoriegeleitete Erklärung von Verhaltensbereitschaften und Verhalten auf Grundlage einer Bevölkerungsumfrage. In: Zeitschrift für Rechtssoziologie, 20, 2, S. 116–135.

Lüdemann, C./Ohlemacher, T. (2002): Soziologie der Kriminalität. Theoretische und empirische Perspektiven. Weinheim/München.

Lüdtke, H. (1989): Expressive Ungleichheit. Zur Soziologie der Lebensstile. Opladen.

Lüdtke, J. (2003): Illegaler Drogenumgang und Beschaffungskriminalität im Jugend- und Heranwachsendenalter. In: Raithel, J./Mansel, J. (Hrsg.): Kriminalität und Gewalt im Jugendalter. Weinheim,

Ludwig-Mayerhofer, W. (2000): Kriminalität. In: Allmendinger, J./Ludwig-Mayerhofer, W. (Hrsg.): Soziologie des Sozialstaats. Gesellschaftliche Grundlagen, historische Zusammenhänge und aktuelle Entwicklungstendenzen. Weinheim/München, S. 321–350.

Luhmann, N. (^{2}1983): Rechtsbildung: Grundlagen einer soziologischen Theorie. In: ders.: Rechtssoziologie. Opladen, S. 27–131.

MacNaughton-Smith, P. (1975): Der zweite Code. Auf dem Wege zu einer (oder hinweg von einer) empirisch begründeten Theorie über Verbrechen und Kriminalität. In: Lüderssen, K./Sack, F. (Hrsg.): Seminar: Abweichendes Verhalten II. Die gesellschaftliche Reaktion auf Kriminalität. Bd. 1: Strafgesetzgebung und Strafrechtsdogmatik. Frankfurt a.M., S. 197–212.

Magnussons, D. (1978): On the Role of situations in Personality Research: An International Perspective. In: Pervin, L.A. (Hrsg.): Current Controversies and Issues in Personality. New York, S. 155–178.

Mansel, J. (1995): Sozialisation in der Risikogesellschaft. Eine Untersuchung zu psychosozialen Belastungen Jugendlicher als Folge ihrer Bewertung gesellschaftlicher Bedrohungspotentiale. Neuwied.

Mansel, J. (2001): Angst vor Gewalt. Eine Untersuchung zu jugendlichen Opfern und Tätern. Weinheim.

Mansel, J./Hurrelmann, K. (1991): Alltagsstreß bei Jugendlichen. Eine Untersuchung über Lebenschancen, Lebensrisiken und psychosoziale Befindlichkeit im Statusübergang. Weinheim/München.

Marschalck, P. (2002): Zwischen Ökonomie und Biologie. Zur Entwicklung der Bevölkerungswissenschaft in Deutschland im 19. und 20. Jahrhundert. In: Mackensen, R. (Hrsg.): Bevölkerungslehre und Bevölkerungsentwicklung vor 1933. Opladen, S. 105–119.

Matt, E. (1995): Episode und »Doppel-Leben«: Zur Delinquenz Jugendlicher. In: Monatszeitschrift für Kriminologie und Strafrechtsreform, 78, 3, S. 153–164.

Menzel, B. (1997): Devianz im Wandel – Definitionstheoretisch orientierte Devianzsoziologie und die Gewaltthematik. In: Soziale Probleme, 8, S. 189–217.

Merton, R.K. (1938): Social Structure and Anomie. In: American Sociological Review, 3, S. 672–682.

Merton, R.K. (1975): Soziologische Diagnose sozialer Probleme. In: Hondrich, K.O.: Menschliche Bedürfnisse und soziale Steuerung. Eine Einführung in die Sozialwissenschaft. Reinbek b. Hamburg, S. 113–129.

Merton, R.K. (1995): Soziologische Theorie und soziale Struktur. Berlin/New York.

Messner, S.F. (2004): An Institutional-Anomie Theory of Crime: Continuities and Elaborations in the Study of Social Structure and Anomie. In: Oberwittler, D./Karstedt, S. (Hrsg.): Soziologie der Kriminalität. Wiesbaden, S. 93–109.

Mezger, E./West, K.-W. (Hrsg.) (2000): Aktivierender Sozialstaat und politisches Handeln. Schüren.

Miller, W.B. (1968): Die Kultur der Unterschicht als ein Entscheidungsmilieu für Bandendelinquenz. In: Sack, F./König, R. (Hrsg.): Kriminalsoziologie. Frankfurt a.M., S. 283–313.

Mitchel, A. (1983): The Nine American Life Styles. New York.

Moore, H.L. (1993): The Differences Within and the Differences Between. In: Valle, T. d. (Hrsg.): Gendered Anthropology. London: Routledge, S. 193–204.

Mrazek, J. (1984): Die Verkörperung des Selbst – Ergebnisse der Psychologie heute-Umfrage. In: Psychologie heute, 11, S. 50–58.

Müller, H.-P. (1992): Sozialstruktur und Lebensstile. Der neuere theoretische Diskurs über soziale Ungleichheit. Frankfurt.

Münch, R. (2002a): Soziologische Theorie. Bd. 1: Grundlegung durch die Klassiker. Frankfurt/New York.

Münch, R. (2002b): Soziologische Theorie. Bd. 2: Handlungstheorie. Frankfurt/New York.

Münch, R. (2004): Soziologische Theorie. Bd. 3: Gesellschaftstheorie. Frankfurt/New York.

Nedelmann, B. (1986): Soziale Probleme und Handlungsflexibilität. In: Oppl, H./Tomaschek, A. (Hrsg.): Soziale Arbeit 2000. Soziale Probleme und Handlungsflexibilität. Entwürfe für berufliches Handeln. Freiburg i.Br., S. 13–42.

Neidhardt, F. (1994): Innere Prozesse und Außenweltbeziehungen sozialer Gruppen. In: Schäfers, B. (Hrsg.): Einführung in die Gruppensoziologie. Heidelberg, S. 135–156.

Neumann, J. (2001): Aggressives Verhalten rechtsextremer Jugendlicher. Eine sozialpsychologische Untersuchung. Münster.

Nogala, D. (2000): Erscheinungs- und Begriffswandel von Sozialkontrolle eingangs des 21. Jahrhunderts. In: Peters, H. (Hrsg.): Soziale Kontrolle. Zum Problem der Normkonformität in der Gesellschaft. Opladen, S. 111–131.

Nunner-Winkler, G. (1998): Identitätsbildung und Ethnozentrismus aus der Sicht der Sozialpsychologie. In: Eckert, R. (Hrsg.) (1998): Wiederkehr des »Volksgeistes«? Ethnizität, Konflikt und politische Bewältigung. Opladen, S. 183–194.

O'Neill, P. (2005): The Ethics of Problem Definition. In: Canadian Psychology, 46, S. 13–20.

Oberwittler, D. (1999): Soziale Probleme, Gewalt- und Jugenddelinquenz in der Stadt, Ansätze einer sozialökologischen Forschung. In: Albrecht, H.-J. (Hrsg.): Forschungen zu Kriminalität und Kriminalitätskontrolle am Max-Planck-Institut für ausländisches und internationales Strafrecht in Freiburg i. Br. Freiburg i. Br., S. 403–417.

Oberwittler, D./Karstedt, S. (Hrsg.) (2004): Soziologie der Kriminalität. Wiesbaden.

Oberwittler, D./Köllisch, T. (2003): Jugendkriminalität in Stadt und Land. Sozialräumliche Unterschiede im Delinquenzverhalten und Registrierungsrisiko. In: Raithel, J./Mansel, J. (Hrsg.): Kriminalität und Gewalt im Jugendalter. Weinheim, S. 135–160.

Opp, K.-D. (1974): Abweichendes Verhalten und Gesellschaftsstruktur. Neuwied.

Orrù, M. (1987): Anomie: history and meanings. London u.a.

Orrù, M. (1990): Merton's Instrumental Theory of Anomie. In: Clark, J./Mogdil, C./Mogdil, S. (Hrsg.): Robert K. Merton. Consensus and Controversy. London u.a., S. 231–240.

Ortmann, R. (2000): Abweichendes Verhalten und Anomie. Freiburg i.Br.

Ortner, H./Pilgram, A./Steinert, H. (Hrsg.) (1998): New Yorker »Zero-Tolerance«-Politik. Baden-Baden.

Palentien, C. (1997): Jugend und Streß. Ursachen, Entstehung und Bewältigung. Neuwied.

Patterson, G.R./Reid, J.B./Dishion, T.J. (1992): Antisocial boys. Eugene.

Pearlin, L.I. (1987): The stress process and strategies of intervention. In: Hurrelmann, K./Kaufmann, F.X./Lösel, F. (Hrsg.): Social intervention: Potentials and constraints. Berlin, S. 53–72.

Pearlin, L./Liebermann, M. (1979): Social sources of emotional distress. In: Simons, R. (Hrsg.): Research in community and mental health. Greenwich, S. 217–248.

Peck, J. (2001): Workfare states. New York.

Peters, D. (1973): Richter im Dienst der Macht. Zur gesellschaftlichen Verteilung der Kriminalität. Stuttgart.

Peters, F. (1997): Kriminalitätstheorien und ihre jeweiligen impliziten Handlungsempfehlungen. Teil I: Anomietheorie, Labeling-Approach, »Radikale Kriminologie«, Kriminalität und Abweichung als »Social Censures«. In: Janssen, H./Peters, F. (Hrsg.): Kriminologie für Soziale Arbeit. Münster, S. 40–74.

Peters, H. (1989): Devianz und soziale Kontrolle. Eine Einführung in die Soziologie abweichenden Verhaltens. Weinheim/München.

Peters, H. (1996): Als Partisanenwissenschaft ausgedient, als Theorie aber nicht sterblich: der labeling approach. In: Kriminologisches Journal, 28, S. 107–115.

Peters, H. (1997): Distanzierung von der Praxis in deren Namen. In: Kriminologisches Journal, 29, S. 267–274.

Peters, H. (1998): Soziale Probleme. In: Schäfers, B./Zapf, W. (Hrsg.): Handwörterbuch zur Gesellschaft Deutschlands. Opladen, S. 596–608.

Peters, H. (2002): Soziale Probleme und soziale Kontrolle. Wiesbaden.

Petraitis, J./Flay, B.R./Miller, T.Q. (1995): Reviewing Theories of Adolescent Substance Use: Organizing Pieces in the Puzzle. In: Psychological Bulletin, 117, S. 67–86.

Pfaff, H. (1989): Streßbewältigung und soziale Unterstützung. Zur sozialen Regulierung individuellen Wohlbefindens. Weinheim.

Pfingstmann, G./Baumann, U. (1987): Untersuchungsverfahren zum Sozialen Netzwerk und zur Sozialen Unterstützung. Ein Überblick. In: Zeitschrift für Differentielle und Diagnostische Psychologie, 8, 2, S. 75–98.

Piaget, J. (1952): The origins of intelligence in children. New York.

Pope, W. (1976): Durkheim's Suicide. A classic analyzed. Chicago/London.

Prein, G./Schumann, K.F. (2003): Dauerhafte Delinquenz und die Akkumulation von Nachteilen. In: Schumann, K.F. (Hrsg.): Delinquenz im Lebensverlauf. Weinheim, S. 181–208.

Quensel, S. (^{2}1981): Wie wird man kriminell? In: Giesecke, H. (Hrsg.): Offensive Sozialpädagogik. Göttingen, S. 45–55.

Quensel, S. (1986): Let's abolish theories of crime: Zur latenten Tiefenstruktur unserer Kriminalitätstheorien. In: Kriminologisches Journal, 1. Beiheft 1986, S. 11–22.

Quinney, R. (1970): The Social Reality of Crime. Boston.

Raithel, J. (2001a): Explizit risiko-konnotative Aktivitäten und riskante Mutproben. In: Raithel, J. (Hrsg.): Risikoverhaltensweisen Jugendlicher. Opladen, S. 237–248.

Raithel, J. (2001b): Exponierte Risiken jugendlicher Männlichkeitsentwicklung. In: Zeitschrift für Sozialisationsforschung und Erziehungssoziologie, 21, S. 133–149.

Raithel, J. (2002): Ethnisch-kulturelle Konfliktpotenziale unter Jugendlichen im (groß)städtischen Raum. Ein Vergleich zwischen deutschen und türkischen Jugendlichen. In: Soziale Probleme, 13, 1, S. 54–79.

Raithel, J. (2004a): Jugendliches Risikoverhalten. Eine Einführung. Wiesbaden.

Raithel, J. (2004b): Alkoholkonsum im Jugendalter. Epidemiologie, Entwicklungsfunktionalität und Kompetenzförderung. In: Zeitschrift für Sozialpädagogik, 2, S. 180–191.

Raithel, J. (2004c): Delinquenz und Lebensstile Jugendlicher. In: Kriminologisches Journal, 36, 3, S. 179–197.

Raithel, J. (2005): Die Stilisierung des Geschlechts. Jugendliche Lebensstile, Risikoverhalten und die Konstruktion der Geschlechtlichkeit. Weinheim.

Rappold, M. (2002): Schweigende Lämmer und reißende Wölfe, moralische Helden und coole Zyniker. Zum öffentlichen Diskurs über »sexuellen Kindesmissbrauch« in Deutschland. Herbolzheim.

Rauschenbach, T. (1999): Sozialpädagogischer Bedarf – auf dem Weg ins Ungewisse? Soziale Berufe, qualitatives Wachstum und fachliche Effektivität. In: Treptow, R./Hörster, R. (Hrsg.): Sozialpädagogische Integration. Entwicklungslinien und Konfliktlinien. Weinheim/München, S. 103–121.

Reinecke, J. (1997): AIDS-Prävention und Sexualverhalten. Die Theorie des geplanten Verhaltens im empirischen Test. Opladen.

Reiss, K. (2003): Heute bin ich so, morgen bin ich anders: Postmoderne Lebensstile als Medium jugendlicher Identitätsbildung. In: Gaugele, E./Reiss, K. (Hrsg.): Jugend und Mode. Die Inszenierung des Körpers in der Konsumkultur. Frankfurt, S. 16–33.

Reuband, K.-H. (1999): Kriminalitätsfurcht: Stabilität und Wandel. In: Neue Kriminalpolitik, 11, S. 15–21.

Reuband, K.-H. (2004): Konstanz und Wandel im Strafbedürfnis der Bundesbürger – 1970 bis 2003. In: Lautmann, R./Klimke, D./Sack, F. (Hrsg.): Punitivität (8. Beiheft des Kriminologischen Journals), S. 89–104.

Richter, R. (1989): Subtile Distinktion zur Reproduktion sozialer Ungleichheit im mikrosozialen Bereich. In: Österreichische Zeitschrift für Soziologie, 14, 3, S. 53–63.

Rivers, I./Smith, P.K. (1994): Types of bullying behavior and their correlates. In: Aggressive Behavior, 20, S. 359–368.

Rosenberg, M. (1965): Society and the adolescent self-image. Princeton, N.J.

Rosenfield, S. (1997): Labeling Mental Illness: The Effects of Received Services and Perceived Stigma on Life Satisfaction. In: American Sociological Review, 62, S. 660–672.

Rotter, J.B. (1954): Social learning and clinical psychology. New York.

Röhrle, B. (1994): Soziale Netzwerke und soziale Unterstützung. Weinheim.

Sack, F. (1972): Definition von Kriminalität als politisches Handeln: der labeling approach. In: Kriminologisches Journal, 4, S. 3–31.

Sack, F. (1974[2]): Neue Perspektiven in der Kriminologie. In: Sack, F./König, R. (Hrsg.): Kriminalsoziologie. Frankfurt a.M., S. 431–475.

Sack, F. (1978): Der interaktionistische Ansatz. In: Bolte, K.M. (Hrsg.): Materialien aus der soziologischen Forschung. Verhandlungen des 18. Deutschen Soziologentages vom 28. September bis 1. Oktober 1976 in Berlin. München, S. 676–682.

Sack, F. (1993): Strafrechtliche Kontrolle und Sozialdisziplinierung. In: Frehsee, D./Löschper, G./Schuhmann, K.F. (Hrsg.): Strafrecht, soziale Kontrolle, soziale Disziplinierung. Opladen, S. 16–45.

Sack, F. (2002): Einführende Bemerkungen zur Kritischen Kriminologie. In: Anhorn, R./Bettinger, F. (Hrsg.): Kritische Kriminologie und Soziale Arbeit. Weinheim/München, S. 27–45.

Sack, F. (2004): Wie die Kriminalpolitik dem Staat aufhilft. Governing through Crime als neue politische Strategie. In: Lautmann, R./Klimke, D./Sack, F. (Hrsg.): Punitivität (8. Beiheft Kriminologisches Journal), S. 30–50.

Saltonstall, R. (1993): Healthy bodies, social bodies: Men's and women's concepts and practices of health in everyday life. In: Social Science and Medicine, 36, S. 7–14.

Scheerer, S. (1993): Einige Anmerkungen zur Geschichte des Drogenproblems. In: Soziale Probleme, 2, S. 78–98

Scheerer, S. (1997): Zwei Thesen zur Zukunft des Gefängnisses – und acht über die Zukunft der sozialen Kontrolle. In: Widersprüche, 17, S. 9–24.

Schetsche, M. (1996): Die Karriere sozialer Probleme. Soziologische Einführung. München.

Schetsche, M. (2000): Wissenssoziologie sozialer Probleme. Grundlegung einer relativistischen Problemtheorie. Wiesbaden.

Schifter, D.J./Ajzen, I. (1985): Intention, perceived control, and weight loss. An application of the theory of planned behavior. In: Journal of Personality and Social Psychology, 49, S. 843–851.

Schlicht, W. (2002): Theory of Planned Behavior. In: Schwarzer, R./Jerusalem, M./Weber, H. (Hrsg.): Gesundheitspsychologie von A bis Z. Göttingen, S. 597–600.

Schmidt-Semisch, H. (2002): Kriminalität als Risiko. Schadensmanagement zwischen Strafrecht und Versicherung. München.

Schmidt-Semisch, H. (2005): Vom Laster zur Modellsucht. Einige Anmerkungen zur Karriere des Tabakproblems. In: Dollinger, B./Schneider, W. (Hrsg.): Sucht als Prozess. Sozialwissenschaftliche Perspektiven für Forschung und Praxis. Berlin, S. 123–141.

Schulze, G. (1992): Die Erlebnisgesellschaft. Kultursoziologie der Gegenwart. Frankfurt.

Schumann, K.F. (2002): Ausbildung, Arbeit und kriminalisierbares Verhalten. In: Anhorn, R./Bettinger, F. (Hrsg.): Kritische Kriminologie und Soziale Arbeit. Weinheim, S. 147–168.

Schur, E.M. (1973): Radical non-intervention. Rethinking the delinquency problem. Englewood Cliffs.

Schütz, A. (1971): Zur Methodologie der Sozialwissenschaft. In: ders.: Gesammelte Aufsätze. Bd. 1: Das Problem der sozialen Wirklichkeit. Den Haag, S. 1–110.

Schwarzer, R. (1990): Gesundheitspsychologie: Einführung in das Thema. In: Schwarzer, R. (Hrsg.): Gesundheitspsychologie. Ein Lehrbuch. Göttingen, S. 3–23.

Schwarzer, R. (1993): Defensiver und funktionaler Optimismus als Bedingungen für Gesundheitsverhalten. In: Zeitschrift für Gesundheitspsychologie, 1, S. 7–31.

Schwarzer, R. (1990): Gesundheitspsychologie: Einführung in das Thema. In: Schwarzer, R. (Hrsg.): Gesundheitspsychologie. Ein Lehrbuch. Göttingen, S. 3–23.

Seiffge-Krenke, I./Lipp, O./Brath, K. (1989): Persönlichkeitsstruktur und Bewältigungsverhalten bei Jugendlichen. In: Zeitschrift für klinische Psychologie, 18, S. 332–349.

Seipel, C. (1999):Die Bedeutung von Gelegenheitsstrukturen in der »General Theory of Crime« von Michael R. Gottfredson und Travis Hirschi. In: Soziale Probleme, 10, 2, S. 114–165.

Seipel, C./Eifler, S. (2004): Gelegenheit, Rational-Choice und Selbstkontrolle. Zur Erklärung abweichenden Handelns in High-Cost und Low-Cost-Situationen. In: Soziologie der Kriminalität. Sonderheft 34 der Kölner Zeitschrift für Soziologie und Sozialpsychologie, S. 288–315.

Sidler, N. (1999): Problemsoziologie. Eine Einführung. Freiburg i.Br.

Simmel, G. (1992): Soziologie. Untersuchungen über die Formen der Vergesellschaftung. Frankfurt a.M.

Simon, J./Feeley, M. (2003): The Form and Limits of the New Penology. In: Blomberg, T./Cohen, S. (Hrsg.): Punishment and Social Control. New York, S. 75–116.

Smaus, G. (1986): Versuch um eine materialistisch-interaktionistische Kriminologie. In: In: Kriminologisches Journal, 1. Beiheft 1986, S. 179–199.

Smaus, G. (1998): Das Strafrecht und die gesellschaftliche Differenzierung. Baden-Baden.

Spellerberg, A. (1996): Soziale Differenzierung durch Lebensstile. Eine empirische Untersuchung zur Lebensqualität in West- und Ostdeutschland. Berlin.

Springer, W. (1973): Kriminalitätstheorien und ihr Realitätsgehalt. Stuttgart.

Srole, L. (1956): Social Integration and certain Corollaries. In: American Sociological Review, 21, S. 709–716.

Stamm, M. (2006): Schulabsentismus. Anmerkungen zu Theorie und Empirie einer vermeintlichen Randerscheinung schulischer Bildung. In: Zeitschrift für Pädagogik, 52, S. 285–302.

Stehr, J. (1997): Die Relevanz von Moral in der alltäglichen Konstruktion der Gefahr. In: Frehsee, D./Löschper, G./Smaus, G. (Hrsg.): Konstruktion von Wirklichkeit durch Kriminalität und Strafe. Baden-Baden, S. 369–391.

Stehr, J. (1998): Massenmediale Dealer-Bilder und ihr Gebrauch im Alltag. In: Paul, P./Schmidt-Semisch, H. (Hrsg.): Drogendealer. Ansichten eines verrufenen Gewerbes. Freiburg i.Br., S. 94–108.

Stein-Hilbers, M. (2000): Sexuell werden. Sexuelle Sozialisation und Geschlechterverhältnisse. Opladen.

Stoller, R. (1968): Sex and Gender, Bd. 1. New York.

Strittmatter, R. (1995): Alltagswissen über Gesundheit und gesundheitliche Protektivfaktoren. Frankfurt.

Sturzenhecker, B. (2000): Prävention ist keine Jugendarbeit. Thesen zu Risiken und Nebenwirkungen der Präventionsorientierung. In: Sozialmagazin, 25, S. 14–21.

Sumner, C. (1991): Das Konzept der Devianz neu überdacht: Zu einer Soziologie der »censures«. In: Kriminologisches Journal, 23, S. 242–271.

Sutherland, E.H. (1947): Principles of Criminology. Chicago.

Sutherland, E.H. (1956): Development of a Theory. In: Cohen, A.K./Lindesmith, A.L./Schuessler, K. (Hrsg.): The Sutherland Papers. Bloomington, S. 13–59.

Sutherland, E.H. (1968): Die Theorie der differentiellen Kontakte. In: Sack, F./König, R. (Hrsg.): Kriminalsoziologie. Frankfurt, S. 395–399.

Sutherland, E.H./Cressey, D.R. (1955): Principles of Criminology. Chicago.

Sutton, J.R. (2004): The Political Economy of Imprisonment in Affluent Democracies, 1960–1990. In: American Sociological Review, 69, S. 170–189.

Sykes, G.M./Matza, D. (1957): Techniques of Neutralization: A Theory of Delinquency. In: American Sociological Review, 43, S. 643–656.

Tajfel, H. (1982): Gruppenkonflikt und Vorurteil. Entstehung und Funktion sozialer Stereotypen. Bern et al.

Tajfel, H./Turner, J.C. (1979): An Integrative Theory of Intergroup Conflict. In: Austin, W.G./Worchel, S. (Hrsg.) (1979): The Social Psychology of Intergroup Relations. Monterey, S. 33–47.

Tannenbaum, F. (^{2}1973): The Dramatization of Evil. In: Rubington, E./Weinberg, M.S. (Hrsg.): Deviance. The Interactionist Perspective. Text and Readings in the Sociology of Deviance. New York, S. 214f.

Thimm, K. (1998): Schulverdrossenheit und Schulverweigerung. Berlin.

Thoits, P.A. (1982): Life Stress, social support, and Psychological Vulnerability: Epidemiological Considerations. In: Journal of Community Psychology, 10, S. 341–362.

Thoits, P.A. (1983): Multiple identities and psychological well-being: A reformulation and test of the social isolation hypothesis. In: American Sociological Review, 46, S. 174–187.

Thome, H. (2001): Explaining Long Term Trends in Violent Crime. In: Crime, History & Society, 5, S. 69–86.

Thome, H. (2003): Das Konzept sozialer Anomie als Analyseinstrument. In: Waldmann, P. (Hrsg.): Diktaturen, Demokratisierung und soziale Anomie. München, S. 37–59.

Thornberry, T.P. (1987): Toward an Interactional Theory of Delinquency. In: Criminology 25, S. 863–891.

Thornberry, T.P./Lizotte, A./Krohn, M./Farnworth, M./Jang, S. (1994): Delinquent peers, beliefs, and delinquent behavior: A longitudinal test of interactional theory. In: Criminology, 32, S.

Tillmann, K.-J./Holler-Nowitzki, B./Holtappels, H.G./Meier, U./Popp, U. (1999): Schülergewalt als Schulproblem. Verursachende Bedingungen, Erscheinungsformen und pädagogische Handlungsperspektiven. Weinheim.

Tolman, E.C. (1955): Principles of performance. In: Psychological Review, 62, S. 315–326.

Tonn, M. (1998): »Individualisierung« als Ursache rechtsradikaler Jugendgewalt? In: Friedrichs, J. (Hrsg.). Die Individualisierungs-These. Opladen, S. 263–298.

Trasher, F. (1936): The Boys' Club and Juvenile Delinquency. In: American Journal of Sociology, 41, S. 66–80.

Treibel, A. (1990): Migration in modernen Gesellschaften. Soziale Folgen von Einwanderung und Gastarbeit. Weinheim.

Trotha, T.v. (1977): Ethnomethodologie und abweichendes Verhalten – Anmerkungen zum Konzept des »Reaktionsdeppen«. In: Kriminologisches Journal, 9, S. 98–115.

Turner, J.C. (1982): Towards a cognitive redefinition of the social group. In: Tajfel, H. (Hrsg.): Social Identity and Intergroup Relations. Cambridge, S. 15–40.

Turner, J.C. (1984): Social identification and psychological group formation. In: Tajfel, H. (Hrsg.): The social dimension. European developments in social psychology, Vol. 2, Cambridge, S. 518–538.

Turner, J.C. (1985): Social categorization and the self-concept: A social cognitive theory of group behavior. In: Lawler, E.J. (Hrsg.) (1985): Advances in group processes, Vol. 2, Greenwich, S. 77–122.

Tuck, M./Riley, D. (1986): The theory of reasoned action. In: Cornish, D.B./Clarke, R.V.G (Hrsg.): The Reasoning Criminal. Berlin.

Tyrell, H. (1985): Emile Durkheim. Das Dilemma der organischen Solidarität. In: Luhmann, N. (Hrsg.): Gesellschaftliche Differenzierung. Zur Geschichte einer Idee. Opladen, S. 181–250.

Ulbrich-Herrmann, M. (1998): Lebensstile Jugendlicher u. Gewalt. Eine Typologie zur mehrdimensionalen Erklärung eines sozialen Problems. Münster.

Vester, M./Gardemin, D. (2000): Milieu, Klasse und Geschlecht. Das Feld der Geschlechterungleichheit und die »protestantische Alltagsethik«. In: Heintz, B. (Hrsg.): Geschlechter-Soziologie. (Sonderheft KZfSS). Opladen, S. 454–486.

Vester, M./v. Oertzen, P./Geiling, H./Hermann, T./Müller, D. (2001): Soziale Milieus im gesellschaftlichen Strukturwandel. Zwischen Integration und Ausgrenzung. Frankfurt.

Vogt, I. (2005): Geschlecht, psychoaktive Substanzen und Sucht: Doing gender im Wandel. In: Dollinger, B./Schneider, W. (Hrsg.): Sucht als Prozess. Berlin, S. 187–202.

Volkmann, U. (1999): Broken Windows, Zero Tolerance und das deutsche Ordnungsrecht. In: Neue Zeitschrift für Verwaltungsrecht, 18, S. 225–232.

Vollbrecht, R. (1995): Die Bedeutung von Stil. Jugendkulturen und Jugendszenen im Licht der neueren Lebensstildiskussion. In: Ferchhoff, W./Sander, U./Vollbrecht, R. (Hrsg.): Jugendkulturen – Faszination und Ambivalenz. Einblicke in jugendliche Lebenswelten. Weinheim, S. 23–37.

Wacquant, L.J.D. (2000): Elend hinter Gittern. Konstanz

Wagner, U. (1994): Eine sozialpsychologische Analyse von Intergruppenbeziehungen. Göttingen.

Walter, M. (1998): »New York« und »broken windows«: Zeit zum Umdenken im Jugendstrafrecht? In: Deutsche Richterzeitung, 76, S. 354–360.

Weber, M. ([7]1988): Gesammelte Aufsätze zur Wissenschaftslehre. Tübingen.

Wehrheim, J. (2006): Gefährdungen großstädtischer Individualität. In: Dollinger, B. (Hrsg.): Individualität als Risiko? Soziale Pädagogik als Modernisierungsmanagement. Berlin, S. 124–133.

Weinbach, C./Stichweh, R. (2000): Die Geschlechterdifferenz in der funktional differenzierten Gesellschaft. In: Heintz, B. (Hrsg.): Geschlechter-Soziologie (Sonderheft KZfSS). Opladen, S. 30–52.

Weingart, P. (2003): Wissenschaftssoziologie. Bielefeld.

West, C./Zimmermann, D.H. (1991): Doing gender. In: Lorber, J./Farrell, S.A. (Hrsg.): The social construction of gender. Newbury Park, S. 13–37.

Western, B./Beckett, K. (1998): Der Mythos des freien Marktes. Das Strafrecht als Institution des US-amerikanischen Arbeitsmarktes. In: Berliner Journal für Soziologie, 2, S. 159–180.

Wetzels, P./Enzmann, D. (1999): Die Bedeutung der Zugehörigkeit zu devianten Cliquen und der Normen Gleichaltriger für die Erklärung jugendlichen Gewalthandelns. In: DVJJ-Journal, 2, S. 116–131.

Wetzels, P./Enzmann, D./Mecklenburg, E./Pfeiffer, Ch. (2001): Jugend und Gewalt. Eine repräsentative Dunkelfeldstudie in München und acht anderen deutschen Städten. Baden-Baden.

Wetzstein, T.A./Würtz, S. (2001): Gruppenzugehörigkeit und das Risikoverhalten Jugendlicher. In: Raithel, J. (Hrsg.): Risikoverhaltensweisen Jugendlicher. Formen, Erklärungen und Prävention. Opladen, S. 349–363.

Weyers, S. (2004): Moral und Delinquenz. Moralische Entwicklung und Sozialisation straffälliger Jugendlicher. Weinheim.

Wilcox, B.L. (1981): Social Support, Life Stress, and Psychological Adjustment: A Test for the Buffering Hypothesis. In: American Journal of Community Psychology, 9, S. 371–386.

Wilcox, P./Quisenberry, N./Cabera, D.T./Jones, S. (2004): Busy Places and Broken Windows? In: The Sociological Quarterly, 45, S. 185–207.

Wilmers, N./Enzmann, D./Schaefer, D./Herbers, K./Greve, W./Wetzels, P. (2002): Jugendliche in Deutschland zur Jahrtausendwende: Gefährlich oder Gefährdet. Baden-Baden.

Wilson, J.W./Kelling, G.L. (1996): Polizei und Nachbarschaftssicherheit: Zerbrochene Fenster. In: Kriminologisches Journal, 28, S. 121–136.

Winkler, J.R. (2000): Rechtsextremismus. Gegenstand – Erklärungsmodelle – Grundprobleme. In: Schubarth, W./Stöss, R. (Hrsg.): Rechtsextremismus in der Bundesrepublik Deutschland. Bonn, S. 38–68.

Wiswede, G. (1973): Soziologie abweichenden Verhaltens. Stuttgart.

Wittenberg, J./Reinecke, J. (2003): Diebstahlkriminalität von Jugendlichen. In: Raithel, J./Mansel, J. (Hrsg.): Kriminalität und Gewalt im Jugendalter. Hell- und Dunkelfeldbefunde im Vergleich. Weinheim, S. 207–225.

Woolgar, S./Pawluch, D. (1985): Ontological gerrymandering: the anatomy of social problems explanations. In: Social Problems, 32, S. 214–227.

Wright, E.R./Gronfein, W.R./Owens, T.J. (2000): Deinstitutionalization, Social Rejection, and the Self-Esteem of Former Mental Patients. In: Journal of Health and Social Behavior, 41, S. 68–90.

Württenberger, T. (1999): Die Akzeptanz von Gesetzen. In: Friedrichs, J./ Jagodzinski, W. (Hrsg.): Soziale Integration. Opladen, S. 380–397.

Yinger, J.M. (1960): Contraculture and Subculture. In: American Sociological Review, 25, S. 625–635.

Zinberg, N.E./Lewis, D.C. (1964): Narcotic Usage. A Spectrum of a Difficult Medical Problem. In: The New England Journal of Medicine, 270, S. 989–993.

Stichwortverzeichnis